신들의 땅
로키

신들의 땅 로키

발행일   2020년 6월 17일

지은이   김정구
펴낸이   손형국
펴낸곳   (주)북랩
편집인   선일영   편집   강대건, 최예은, 최승헌, 김경무, 이예지
디자인   이현수, 한수희, 김민하, 김윤주, 허지혜   제작   박기성, 황동현, 구성우, 권태련
마케팅   김회란, 박진관, 장은별
출판등록   2004. 12. 1(제2012-000051호)
주소   서울특별시 금천구 가산디지털 1로 168, 우림라이온스밸리 B동 B113~114호, C동 B101호
홈페이지   www.book.co.kr
전화번호   (02)2026-5777   팩스   (02)2026-5747

ISBN   979-11-6539-275-8 03940 (종이책)   979-11-6539-276-5 05940 (전자책)

이 도서의 국립중앙도서관 출판예정도서목록(CIP)은 서지정보유통지원시스템 홈페이지(http://seoji.nl.go.kr)와
국가자료공동목록시스템(http://www.nl.go.kr/kolisnet)에서 이용하실 수 있습니다.
(CIP제어번호: CIP2020023819)

신들의 땅
로키

김정구 지음

북랩 book Lab

추천사

아리스토텔레스는 일찍이 "인간은 태어날 때부터 배움을 갈구한다." 고 설파說破했습니다. 신뢰 사회에서 상생의 지혜를 발휘하며 조화롭게 살아가려면 우리는 평생을 학습하고 서로 협력해야 합니다. 지난 1세기 동안 우리 사회는 지식 탐구에 힘입어 지구가 46억 년 동안 겪으며 이룩한 변화보다 훨씬 커다란 진보를 이루었습니다.

'나는 누구인가? 그리고 우리는 무엇을 위해 어떻게 살아야 하는가?' 하는 플라톤 시대 이래의 인문학적 명제에 대해 이제는 사회과학을 넘어 자연과학에서 답을 구하는 단계에까지 이르렀습니다.

우주 탄생 베일이 벗겨지고 생명공학 기술도 가히 신의 경지에 이르렀습니다. 신이 만든 유전자 설계도가 해독 영역을 넘어 조작·편집할 수 있는 단계에 이르렀고, 생명공학의 워드프로세싱 기술이 출현하였으며, 크리스퍼Crisper를 통해 암과 난치병을 치료하는 경지에까지 이르렀습니다.

나노과학과 생명과학의 융·복합 연구는 100세를 넘어 200세까지 청년처럼 건강하게 살 수 있는 시대의 문을 두드리고 있습니다. 하지만, 지식기반 과학기술이 인간의 설계도를 바꾸고 인류를 편집하는 것이 과연 신의 섭리에 합당한 것일까요?

장수는 우리에게 축복임이 분명하지만, 과학적 장수가 인문학적으로도 진정 축복인지에 대해 이제는 진지하게 묻고 해답을 내놓아야 할 때가 되었습니다. 삶의 질을 높이고 인류 공영에 이바지하기 위해 우리는 우리에게 주어진 에너지를 무엇을 위해 어떻게 써야 할지에 대한 대답도 준비해 두어야 합니다.

우리는 본능적으로 행복해지기를 원합니다. 그러나 행복은 매우 주관적 개념입니다. 그래서 행복이 무엇이냐고 묻는다면 사람마다 제각각 대답이 다릅니다. 2007년 노벨 경제학상 수상자인 프리스턴대학교 에릭 매스킨Eric Maskin 교수는 "행복은 자기 스스로 결정을 내리는 기회"라고 정의했습니다.

사상가이자 구글 명상센터 소장이며 세계적 베스트셀러 작가인 챠드 멩탄Chad-Meng Tan은 "자신의 의지로 자신이 하고 싶은 일을 자유롭게 하는 것이 행복이다."라고 했으며, 미국 저널리스트 데이비드 존스턴David C. Johnston은 "행복은 자신이 믿는 가치에 따라 좋은 삶을 사는 것"이라고 주장합니다.

행복으로 인도하는 비밀 지도가 있을까요? 밀레니엄 세대를 대상으로 인생의 중요한 목표가 무엇인지 물었습니다. 응답자의 80% 이상이 인생의 주된 목표는 "부자가 되는 것"이며, "명성과 높은 성취를 추구해야 한다."고 답했습니다.

하버드대학교에서 75년 전부터 현재까지 724명을 대상으로 일평생을 추적하며 무엇이 인생을 행복에 이르게 하는지 조사했습니다. 그 결과 인간을 지속적으로 행복하게 해주는 것은 부와 명성이 아니라 "바람직하고 좋은 인간관계"이며 "봉사하는 삶"과 "건강하고 일평생 일할 수 있는 일터가 중요하다."는 사실을 밝혀냈습니다.

75년 전, 학생들에게 똑같은 질문을 던졌을 때 그들의 대답은 "부자가 되는 것"이라고 했으며, 좋은 삶을 살기 위해서는 "부와 명성, 그리고 높은 성취를 추구해야 한다."고 동일하게 답했었습니다.

세상을 물리학적 시각으로 조망한다면 부·명성·시간은 의미 없는 숫자에 불과합니다. 우리는 세상에 잠시 와서 꿈같이 살다가 바람처럼 사라지는 존재입니다. 우리가 살아가면서 절대 해서는 안 되는 것은 포기이며, 양보할 수 없는 소중한 가치는 가족과 이웃에 대한 사랑, 사회적 합의에 기초한 공동체에 대한 신뢰, 그리고 절대자에 대한 믿음입니다.

부·명성·높은 성취가 삶에 중요한 목적임은 분명합니다. 하지만, "자신이 의지할 가족, 친구, 공동체가 있는 삶을 소중하게 여기고, 그들과 바람직하고 좋은 인간관계를 맺으며 일평생 일했던 사람들이 건강하고 행복한 삶을 살았다."는 조사 결과는 우리에게 의미심장한 결론을 제시합니다.

우리가 일평생 살아가는 동안 소유물이나 명성은 우리 삶과 인생을 바꿀 수 없지만, 건강한 공동체와 깊은 성찰, 의미 있는 경험은 인생을 바꿀 수 있습니다. 행복은 경험의 이력에 비례합니다. 의미 있는 체험을 위해서는 넓은 세상 문물을 다양하게 경험하는 것이 좋습니다. 경험 가운데는 여행이 으뜸임은 의심의 여지가 없습니다.

세계는 넓습니다. 세계 인구는 이미 77억 명을 넘어섰으며, 조만간 80억에 이르게 됩니다. 2000년 현재 대한민국 인구는 5천2백만 명에 가깝지만 세계에서 한국인이 차지하는 비율은 0.67%에 불과합니다. 북한 인구 2천5백만 명을 포함해도 1%밖에 안 됩니다. 7천7백만 명이 220,918㎢의 좁은 땅에 옹기종기 모여 살고 있습니다. 전 세계 면적의 0.14%에 불과한 비좁은 땅에서.

캐나다는 세계에서 가장 넓은 나라인 러시아 다음으로 큰 나라입니다. 넓은 영토에는 아름다운 자연, 금, 석유, 석탄, 포타쉬, 원목 등 자원이 풍부하게 매장되어 있습니다. 기초과학, 항공·우주과학, 의학, 생명과학 수준은 놀라울 정도로 높습니다. 캐나다 중부 앨버타, 서스캐처원, 매니토바, 온타리오, 퀘벡 대평원은 끝이 보이지 않을 만큼 넓습니다. 중북부 평원에 널리 분포되어 있는 천연자원은 인류의 개발 손길을 기다리고 있습니다.

'길가메시의 서사시' 이래 인류 역사는 미래를 긍정적으로 바라보는 꿈 있고 용기 있는 사람들의 도전에 의해서 개척되어 왔습니다. 비좁은 땅에서 이곳이 마치 세상의 전부인 것처럼 치열하게 살아가는 젊은이들이 이 책을 통해서 세상을 좀 더 폭넓은 시각으로 바라보고, 무한한 가능성이 열려 있는 기회의 땅에서 실사구시 정신으로 젊은 꿈을 펼쳐 더 좋은 사회를 이루는 데 도움이 되리라는 믿음으로 이 책을 추천합니다.

2020년 6월 17일
연세대학교 15대 총장 정창영

추천사

역사는 과거와 현재의 단절 없는 대화입니다. 우리는 역사라는 거울을 통해 과거를 들여다보고, 그 거울을 통해 현재를 읽어내며 미래를 예측합니다. 지나온 과거사를 되돌아 볼 수 있는 최고의 방법은 유물과 유적을 찾아 여행을 떠나는 것입니다. 유물과 유적 속에는 당시대를 살았던 사람들이 전하고자 했던 최선의 흔적이 면면히 녹아있습니다.

지나간 역사 속에서 지혜를 얻고자 한다면, 역사 속에 일어났던 수많은 사건 속에서 관심의 초점을 당 시대에 맞추고, 시대상을 재조명하며, 시대를 이끌었던 인물들과 시공을 넘어선 묵언의 대화를 나누는 것입니다.

여행은 떠남으로서 시작되지만, 그 떠남 속에는 쉼과 만남과 교제가 있습니다. 새로움에 대한 탐구와 실체적 진실에 다가서는 호기심이 있습니다. 여행을 통해 얻어지는 혜택은 그 호기심을 채우는 과정뿐만 아닙니다. 시대를 읽는 통찰력 있는 탐색이며, 미래를 준비하고 설계하는 과정이기도 합니다.

여행은 또한 돌아오는 회귀回歸이기도 합니다. 자기의 원래 모습으로 되돌아와서 자신이 느끼고, 성찰하고, 체험한 것을 공동체와 나누고 더불어 공유하는 재생산의 과정이기도 합니다.

나는 필자와 충남 대천에서 초등학교와 중학교 학창시절 추억을 공유한 죽마고우입니다. 이란에서 대학공부를 마치고 ㈜대우에서 12년간 해외주재원 생활을 하면서 다양한 해외 문물을 경험하고, 이슬람 문명도 깊게 체험했습니다. 해외주재원 생활을 마치고 귀국하여 연세대 대학원에서 뒤늦게 공부에 전념하던 시절 연세대학교 기획실 사무국장으로 재직하던 친구를 다시 만났습니다.

필자인 친구는 연세대 검도부에서는 스포츠맨으로 통했고, 문학에도 일가견이 있어서 우리는 종종 친구의 해박한 세계사 지식과 나의 해외주재원 시절 경험을 안주 삼아 술잔을 기울이며 삶과 인생과 21세기 미래를 논하곤 했습니다. 당시 한국생활에 서툴렀던 나는 친구로부터 많은 배움과 도움을 받곤 했습니다.

친구가 집필한 기행에세이 『나를 찾아 떠나는 산티아고 산책』, 『아, 아름다운 알래스카!』는 여행을 즐기는 나에게 잔잔한 기쁨을 안겨주었습니다. 캐나다 횡단 기행에세이 『심심한 천국, 재미있는 지옥』에 이어 『신들의 땅 로키』를 출간한다기에 기대가 큽니다. 나도 여러 차례 온 적이 있지만 신들이 내려와 축제를 벌여도 좋을 법한 아름다운 로키는 지구상에서 가장 가슴 설레게 하는 비경으로 채워진 축복받은 땅입니다. 친구가 로키 이야기를 어떻게 풀어나갈지 기다려집니다.

2020년 6월 17일

필자의 친구 문건수(㈜ 이건 대표이사)

서문

K 형!

   신이 지상에 세운 최고의 걸작을 꼽으라면 많은 사람들은 '그랜드 캐니언'이라고 답하는 데 주저하지 않습니다. 그러나 그 땅에 사는 미국인들에게 그 신이 가장 살고 싶어 하는 곳이 어디인지 묻는다면 많은 사람들은 애리조나주 '세도나'를 먼저 떠올립니다.

   깨끗한 공기, 온화한 환경, 안전한 치안, 절묘한 형상의 사암바위, 화려한 일출, 불타는 석양, 거기에 더하여 인간과 자연과 예술이 절묘한 조화를 이루는 전원풍의 장원이 있기 때문입니다.

   그러나 누가 나에게 신이 인간을 위해 선물로 주신 지상 최고의 걸작을 묻는다면, 나는 주저 없이 캐나다 로키라고 답하겠습니다. 1984년 유네스코에 세계자연유산으로 등재된 로키는 남한 면적의 2배나 되는 청정 지역에 펼쳐진 4개의 거대한 국립공원과 3개의 주립공원으로 이루어진 세계 10대 비경 중 하나입니다.

   로키의 아름다움은 숨이 멎도록 강조해도 지나치지 않습니다. 4개 국립공원-밴프국립공원, 재스퍼국립공원, 요호국립공원, 쿠트니국립공원과 3개 주립공원-롭슨산 주립공원, 햄버 주립공원, 어시니보인산 주립공원-속에 신비스러운 형상의 고봉들로 끝없이 이어져 있고, 그 안에는 만년설로 뒤덮인 눈부신 빙하, 태고의 비밀을 머금은 기암괴석과 깎아내린 듯 아찔한 절벽, 에메랄드 빛 영롱한 호수와 폭포, 협곡, 온천, 초원에 이르기까지 자연이 취할 수 있는 모든 조건을 골고루 갖추고 있습니다. 거기에 미국까지 연결된 워터톤호수 국립공원의 비경까지 포함한다면 숨이 막힙니다.

수려한 산에는 침엽수림 울창하고, 숲속에는 온갖 야생동물이 생태계의 질서를 선순환시키며 숨 가쁘게 생존을 이어갑니다. 피톤치드 내음 가득한 숲속은 야생화 만발한 생태계의 보고입니다.

또 수백 개 트레킹 트레일이 산과 강, 숲과 호수, 기암괴석과 폭포, 초원과 협곡에 거미줄처럼 연결되어 자연과 인간이 서로 화합하며 대 향연을 엮어 나가는 숨 막히도록 아름다운 녹색 장원입니다.

미국 로키도 아름답기는 마찬가지입니다. 캐나다 BC주 북부에서 발원하여 BC주와 앨버타주 경계선상을 따라 내려가 미국 몬테나주·아이다호주·와이오밍주·유타주·콜로라도주·뉴멕시코주까지 4,500㎞ 이상 고봉으로 이어지는 로키산맥에는 세상 무엇에도 비교할 수 없는 빼어난 절경이 가득 채워져 있습니다.

그러나 '로키' 하면 캐나다 로키가 먼저 떠오르는 것은 미국 로키에 비견될 수 없는 장엄하고도 섬세한 아름다움이 구석구석에 녹아 있기 때문입니다.

행복을 연구하는 학자들에게 사람을 행복하게 해주는 단일 행동을 꼽으라면 '여행'이라는 데 대부분 의견이 일치합니다. 알래스카 유명 관광지 수어드Seward 항구에 수어드 항만청에서 세운 자유게시판이 있습니다. "나는 죽기 전에＿＿을 하고 싶다." 그 빈칸에 누구든 자신의 생각을 자유롭게 채워 넣을 수 있도록 배려한 공간입니다. 그 빈칸을 가장 많이 채운 단어는 '자유여행'입니다.

자유여행! 결정하기 쉬운 일은 아니지만, 마음만 먹는다면 어려운 일은 더더욱 아닙니다. 무슨 일이든 적극적으로 추진 코자 하는 사람은 방법을 찾고, 하기 싫어하는 사람은 핑계를 찾습니다. 현자賢者는 이렇게 얘기합니다.

"자녀에게 부와 재산을 물려주려고 고민하지 말고, 의미 있고 보람 있는 경험을 물려줘라."

의미 있고 보람 있는 경험 가운데는 여행이 단연 으뜸입니다. 거기에는 이야기거리가 있고, 즐길거리가 있고, 맛있는 먹거리가 있습니다. 쉼이 있고 재충전 기회도 주어집니다. 의미 있는 경험은 덤으로 주어지는 부수 효과지만, 우리에게 주어지는 최고 선물입니다.

뜻깊은 경험은 기억의 영역에 저장되어 있다가 필요할 때마다 긴요하게 재생되어 힘을 발휘합니다. 일평생을 살아가는 동안 통찰력 깊은 지혜의 샘이 되어 줍니다. 세계와 미래를 바라보는 시각을 넓혀 줍니다. 그것은 남들이 절대로 가져가거나 훔쳐갈 수도 없습니다.

우리 삶은 언제나 현재진행형입니다. 지나간 과거는 기억 속에만 존재할 뿐 다시는 되돌릴 수 없습니다. 미래는 현재 이후에 다가올 다음 시간이지만 영원히 도달할 수 없는 곳에 있습니다.

우리 모두는 행복해지기를 원합니다. 하지만, 행복은 현재진행형 속에 존재해야 하며, 현실에서 행복해야지 미래의 내가 행복할 수는 없습니다. 우리가 현재에 주목하고 현실에 충실해야 할 이유가 여기에 있습니다.

행복은 또한 전염성이 강해서 '누구와 함께하느냐'도 중요하다고 합니다. "행복한 사람이 곁에 있을 때 행복의 에너지는 옆 사람에게 30%가 전해지고, 그 옆 사람 곁에 있는 사람에게도 10%의 행복 에너지가 전해지며, 그 옆의 옆에 있는 사람에게까지도 효과가 미세하게 전해진다."고 합니다. 근묵자흑近墨者黑근주자적近朱者赤입니다. 우리가 행복한 사람 옆에 있어야 할 이유입니다. 또한, 나 자신이 행복 에너지를 뿜어 옆 사람에게 전해 주어야 할 의무이기도 합니다.

이 책이 출간되는 데 도움을 주고, 항상 곁에서 행복 에너지를 뿜어 주는 평생 친구 문건수 사장, 오인호 사장, 정종배 사장에게 마음의 빚을 지고 있음을 고백합니다. 또, RV 여행의 묘미를 일깨워 준 밴쿠버 친구 이상진 사장과 이 책의 편집 방향에 좋은 의견을 주신 삼화여행사 변기욱 사장께 감사의 말씀 전합니다.

부지런한 사람에게 여행은 감동이라는 멋진 선물을 선사합니다. 행복과 체험이라는 소중한 선물을 안겨 줍니다. 도전의식을 고취시켜 줍니다. 사람은 생각하는 동물이기에 폭 넓게 사고하고 깊이 숙고해야 합니다. 생각하는 대로 살지 않으면, 사는 대로 생각하게 되기 때문입니다.

신뢰는 우리 사회의 큰 자산입니다. '노블레스 오블리주' 까지는 아니더라도 우리는 서로 믿고 신뢰하며 우리가 속한 공동체의 성장과 안정을 위해 선한 영향력을 행사해야 할 의무가 있습니다.

"삶을 관조와 관찰만으로 대체하지 말라."고 합니다. 생각하고 꿈꾸는 일은 누구나 할 수 있지만 행동은 누구나 하지 않습니다. 그 생각과 꿈은 간절히 원하고 포기하지 않으면 반드시 이루어집니다.

이제 버킷리스트에 담아 놓았던 숙제를 현실의 테이블 위에 올려놓고, 우리 공동체에 행복 에너지를 전하기 위한 계획을 구체적으로 실천해야 하겠습니다.

2020년 6월 17일

일산에서 세계지도를 바라보며

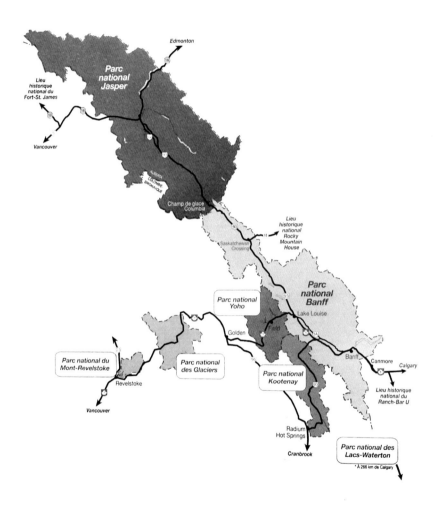

로키 지도

1

P A R T

· 신들의 땅 로키 ·

01

레이크 루이스와
빅토리아산

샤토 레이크 루이스 호텔 레스토랑 창문에 비친 호수

세계 10대 비경 중 하나인 레이크 루이스! 호수만 비경이 아닙니다. 호수를 둘러싸고 있는 페어뷰산, 빅토리아 설산과 애버딘산, 레프로이산 주변에 하늘 높이 솟은 빙하를 바라보노라면, "아!" 하는 감탄사가 절로 나옵니다. 또 날씨와 시간에 따라 영롱한 색조를 띠며 시시각각 다른 빛으로 변하는 호수의 신비로운 색상에 감탄하지 않을 수 없습니다. 전 세계인들이 로키에서 가장 인상 깊은 한 곳을 꼽으라면 레이크 루이스를 떠올리는 것도 이런 이유 때문일 것입니다.

레이크 루이스 원래 이름은 에메랄드 호수였습니다. 1782년 캐나다 태평양 철도 건설 조사차 보우밸리에 온 영국인 톰 윌슨Tom Wilson이 멀리서 들려오는 눈사태 굉음 소리를 듣고 그 소리 근원을 찾아와 이 호수를 발견했다고 합니다. 외국인으로서 최초로 이 호수를 본 톰 윌슨은 영롱하게 빛나는 호수에 반해서 에메랄드 호수라고 이름 지었습니다. 그 후 1884년 영국 빅토리아Alexandrina Victoria 여왕이 그녀의 넷째 딸 루이스 앨버타Louis C. Alberta의 이름을 따서 호수 공식 이름을 레이크 루이스로 바꾸었습니다.

빅토리아 여왕이 세계사에 미친 영향은 참으로 대단합니다. 북유럽 작은 섬나라 영국을 세계 무대로 진출시켜 빅토리아 왕조 깃발이 세계 곳곳에서 휘날리게 했고, 세계 역사상 영토를 가장 크게 확장시켜 세상에 해가 지지 않는 대제국을 세웠으니 말입니다. 빅토리아 시대, 빅토리아 문화, 빅토리아 풍조, 빅토리아시, 빅토리아 공원, 빅토리아 대학교에 그녀의 이름자를 남겼습니다. 게다가 에메랄드 호수 이름을 레이크 루이스로 바꾸고, 남한보다 6.8배나 큰 땅을 앨버타주로 명명되게 했으니 그 위세가 가늠됩니다.

그런데 레이크 루이스는 이름만큼이나 유명한가 봅니다. 로키 외에

레이니어산 의 레이크 루이스(미국 워싱턴주)   멘텔트나의 레이크 루이스(알래스카주)

레이크 루이스 일출 광경

도 미국 워싱턴주 레이니어산에 루이스 레이크가 있고, 알래스카 멘
텔트나에도 레이크 루이스가 있습니다. 레이니어산의 루이스 레이크
에는 부끄러움 많은 처녀의 풋풋한 순수함이 녹아 있습니다. 알래스
카 멘델트나의 레이크 루이스는 장엄한 기품이 서려 있으며, 매킨리산

이나 타나나 밸리 주립공원의 거대하고 웅장한 산세는 보는 사람 마음을 압도합니다. 이에 비해 로키의 레이크 루이스는 성숙한 여인의 품격 높은 화려함이 느껴집니다.

세 호수 모두 각기 비교하기 어려운 매력이 있습니다. 하지만, 누가 만약 나에게 순위를 매기라고 한다면 나는 알래스카의 레이크 루이스를 가장 먼저 떠올릴 것 같습니다.

로키 탐방객이 가장 즐겨 찾는 곳이 레이크 루이스입니다. 로키를 다녀간 사람들에게 가장 인상 깊은 곳을 물으면 레이크 루이스라고 대답합니다. 접근하기 쉽고, 호수 주변 경관이 아름다우며, 하루 거리로 다녀올 수 있는 트레일이 호수 주변에 산재해 있기 때문입니다.[1]

레이크 루이스는 좀처럼 그 민낯을 잘 드러내지 않습니다. 작년에 이어 지난여름 3달 동안 레이크 루이스에 머무르며 레이크 루이스 주변 트레일을 차례로 섭렵했습니다. 그러나 구름과 안개에 가리지 않고 햇살에 쨍하게 모습을 드러낸 날은 불과 며칠에 불과했습니다. 많은 사람들은 레이크 루이스에 와서 호수를 잠시 둘러보고, 자신이 바라본 호수를 레이크 루이스의 참 모습으로 기억하며, 아름다운 추억으로 간직합니다.

그러나 내가 100여 일 동안 본 레이크 루이스는 대부분 안개 속에 잠겨 있거나, 구름에 덮여 있거나, 흐리고 비가 내렸습니다. 더구나, 호수

---

1 Lake Louise 주변 트레일: Lake Shore Trail(왕복 4㎞), Saddleback Pass(왕복 7.4㎞), Fairview Outlook Trail(왕복 10.2㎞), Mirror Lake Trail(왕복 6㎞), Lake Agnes Trail(왕복 12㎞), Beehive Trail(왕복 8.2㎞), Big Beehive Trail(왕복 9.2㎞), Plain of 6 Glaciers Trail(왕복 9㎞), Plain of 6 Glaciers Tea House(왕복 14㎞), Lake Louise Villege Trail(왕복 15㎞), Moraine Lake Trail(왕복 28㎞), Paradise Valley Trail(왕복 33㎞)

일출 후 레이크 루이스와 빅토리아산

정오의 레이크 루이스와 빅토리아산

구름 낀 날의 레이크 루이스와 빅토리아산

비 갠 후의 레이크 루이스와 빅토리아산

저녁 시간의 레이크 루이스와 빅토리아산

달밤의 레이크 루이스와 빅토리아산

를 감싸고 있는 페어뷰산이나 빅토리아 설산이 하루 종일 온전하게 보인 날은 단지 3~4일에 불과했습니다. 그러함에도 레이크 루이스가 아름답게 기억되는 이유는 로키가 간직한 경이로운 자연, 가슴이 뻥 뚫릴 만큼 신선한 공기, 시시각각 변하는 호수의 신비로운 빛깔, 빅토리아산 주변의 아름다운 산세, 그리고 샤토 레이크 루이스 호텔의 명성 때문일 것입니다.

맑은 날 레이크 루이스의 아름다움은 형언하기 어렵습니다. 푸른 하늘, 눈부시도록 찬란한 빅토리아산과 페어뷰산, 호수 속에 풍덩 빠져 버린 듯 투영된 주변 산과 청록색 호수는 호수인지 거울인지 구분하기 어려울 정도로 아름답습니다.

겨울철 호수가 결빙되면 호면 위에 얼음 성을 조각해 세워 놓기도 하고, 그 주변에서 전 세계 조각가들이 참여하여 얼음조각 경연 대회가 열리고 'Ice Magic Festival'이 개최된다고 합니다. 겨울의 로키는 상상만으로도 환상적일 것 같습니다.

레이크 루이스를 다양한 각도에서 조망해 보고자 빅토리아 주변 산을 여러 차례 오르내렸습니다. 레이크 루이스 뒤편 빅토리아산 정상에 올라 호수와 로키 전경을 바라보고픈 마음은 호수를 찾아온 모든 사람의 공통된 소망일 것입니다. 빅토리아산에 오르는 데 도움이 될 만한 정보를 얻으려고 레이크 루이스 탐방센터에 들렀습니다. 탐방센터 직원은 빅토리아산 경사면에 적설된 눈은 두께가 80미터, 눈의 띠 길이가 수백 미터나 되며, 거대한 암반 위에 덮여 있어 여러 사람이 암벽 등반 장비를 갖추고 함께 오르지 않는 한 정상에 도달하기 어렵다고 합니다. 탐방센터에서는 호수 전경과 로키를 볼 수 있는 곳으로 페어뷰산, 피렌산, 빅토리아산 빙하 평원 전망대를 추천했습니다.

나는 세 곳을 포함한 레이크 루이스 주변을 트레킹하며 구석구석 탐방했습니다. 특히 빅토리아산 빙하 평원 전망대는 눈을 감고도 오를 만큼 여러 차례 오르내렸습니다. 빅토리아산까지 가는 길은 단순하지만 생각보다 험준했습니다. 레이크 루이스를 지나고 거울 호수, 아그네스 호수, 더 비하이브를 거쳐 빙하 평원 전망대로 오르거나, 레이크 루이스 호수 트레일을 지나 6개 빙하 평원을 거쳐 전망대로 올라가는 방법뿐입니다.

빙하 평원을 지나는 동안 드러나는 산세는 호수 앞에서 바라보던 성숙한 여인의 아름다운 모습과는 사뭇 다릅니다. 더 비하이브를 지나면서 거칠어지던 산세는 해도 피크 아래에서부터는 더욱 사나워져 바벨탑을 쌓아올린 듯 거대한 암반을 이루며 하늘을 향해 소용돌이치듯 솟아 있습니다. 이어지는 자이언트 스텝과 애버딘산, 그리고 미터산은 예리한 정으로 절묘하게 깎아 놓은 거대한 암반 예술 작품처럼 보이고, 그 뒤를 레프로이산과 빅토리아산 빙벽이 앞을 가로막고 있습니다.

고산지대인지라 하늘에는 구름과 안개가 덮이고 걷히기를 수없이 되풀이하고, 예보에도 없는 비까지 수시로 내렸습니다. 자연의 힘은 참으로 위대합니다. 설계자나 조성자도 없는데 풍상의 변화만으로 이러한 걸작이 만들어지고 관리되다니, 만물의 영장도 자연의 조화 앞에서는 겸손해질 수밖에 없습니다.

빅토리아산 빙하 평원에서는 모나고 거친 바위들이 맨살을 드러내고, 햇살의 따가움을 견디지 못하는 빙하들이 속절없이 녹아내렸습니다.

호수 건너편에서 바라본 샤토 레이크 루이스 호텔

빙하 평원에서 본 호수와 화이트혼산과 스키장

레이크 루이스와 페어뷰 능선

Haddo Peak(3,070m)

Aberdeen Glacier(3,151m)

검은 자갈과 모래로 뒤덮인 빙하 계곡은 평원처럼 보이지만 단순한 평원이 아니라 그 속은 크레바스가 도사리고 있는 위험 지역입니다.

빅토리아산으로 접근할 수 있는 최대 가능한 곳까지 올라갔습니다. 멀리서 그리도 아름답게 보였던 빅토리아산은 차라리 거대한 바위벽이 하늘에서 뚝 떨어져 길을 가로막고 있는 방해꾼입니다. 거기에서 거석ᵀᵈ 암반을 타고 산을 오르겠다는 생각은 전문 산악인이 아니라면 엄두도 낼 수 없습니다. 레프로이산과 빅토리아산 사이 애봇 패스를 건너면 암벽 등반가를 위한 통나무집 대피소가 있다고 합니다. 하지만, 나 같은 아마추어 등산가가 크레바스가 도사리고 있는 빙하를 건너는 것은 저승으로 가는 문턱을 넘어서는 것과 다를 바 없습니다.

하늘에서 습기를 머금어 구름으로 흐르다 떨어지는 빗방울이 BC주와 앨버타주 분계선인 빅토리아산 동쪽 면으로 떨어지면 대서양과 북극해로 흘러가고, 서쪽 면으로 떨어지면 태평양으로 흘러갑니다. 사람도 똑같은 출발점에서 삶을 시작하지만 환경과 선택에 따라 서로 다른 과정을 거쳐 다른 삶을 살게 되고, 다른 방향으로 가서 결국은 다른 운명을 맞이하게 되는 것과 비슷합니다.

겸허한 마음으로 사방을 둘러보았습니다. 이 신비로운 자연과 변화의 질서를 주관하는 조물주의 창조 능력에 머리를 숙이지 않을 수 없습니다. 바위에 앉아 가쁜 호흡을 고르며 창조의 뜻을 헤아려 보려 애썼지만, 그 심후한 의미는 짐작하기조차 쉽지 않습니다.

빅토리아산 빙하가 쉴 새 없이 녹아 돌 틈새를 타고 흘러내립니다. 녹아 흐른 빙하수는 개울을 이루어 와글와글 소리를 내며 골짜

Mt. Aberdeen(3,157m) Mt. The Mitre(2,850m)

Mt. Lefroy(3,423m) Mt. Victoria(3,464m)

Abbot Pass-Mt. Lefroy(3,423m) 와 Mt. Victoria(3,464m) 사이

기를 지나 레이크 루이스로 흘러갑니다. 나는 바위 틈새를 타고 흐르는 빙하수를 페트병에 담아 벌컥벌컥 들이켰습니다. 식도를 따라 내려가는 차가운 빙하수는 가슴 속을 시원하게 적시며 그 냉기가 전신으로 퍼져나갑니다.

로키에서는 빙하수를 마시지 말라고 합니다. 빙하수에 박테리아가 기생할 수 있으며, 산짐승 배설물도 섞여 있을 수 있기 때문입니다. 그러나 인간조차 접근할 수 없는 빙하에서 녹아 흐르는 물이라면 산짐승도 박테리아도 생존할 수 없다는 신념이 나를 실망시킨 적이 아직까지는 없었습니다.

눈을 돌려 산 아래를 내려다보았습니다, 보우강이 지나는 건너편 멀리에 화이트혼산이 보이고, 스키 마니아들이 겨울 동안 축제를 벌이는 레이크 루이스 스키장이 보입니다. 휘슬러처럼 세계적인 스키리조트에 비견되지는 않을지라도 그에 버금가는 10여 개의 다양한 스키 코스가 산에 지도를 그려 놓은 듯 펼쳐져 있습니다.

로키에는 밴프 선샤인 빌리지, 레이크 루이스, 노르퀘이산에 로키를 대표하는 스키장이 있습니다. 겨울철 온 세상이 흰 눈으로 덮인 빅토리아산·캐씨드럴산·후버산·헝가비산의 설경을 바라보며 스키를 타고 활강하며 내려오는 모습을 상상하니 기분만으로도 두 다리에 힘이 뻗치고 마음은 겨울을 향하여 달려갑니다.

스키장 아래 숲속 페어뷰산과 세인트피렌산 사이 깊은 계곡에서 레이크 루이스가 보석처럼 영롱한 청록색 에메랄드 빛을 발합니다. 나 일찍이 빅토리아 여왕의 딸 루이스 앨버타 공주와는 일면식도 없으나, 레이크 루이스는 품격 높은 공주처럼 아름답습니다. 그 빛깔이 황홀합니다. 그래서 이름이 레이크 루이스인가 봅니다.

02

로키의 트레일
- 센티널 패스 트레일

센티널 패스 정상에서 보은 파라다이스 밸리와 레프로어산

멋진 산에는 그 명성에 못지않게 아름다운 길이 있고, 트레킹에는 수고에 따른 감동이라는 달콤한 보상이 따릅니다. 산을 좋아하든 싫어하든 나는 적어도 내가 아는 지인에게는 평생에 단 한 번이라도 로키산 트레킹에 도전해 보기를 권합니다.

로키는 유네스코가 세계 10대 비경 중 하나로 선정한 인류의 자연유산입니다. 산뿐만 아니라, 기암괴석, 협곡, 호수, 초원, 동식물에 이르기까지 온갖 생명체와 무생물들이 자연의 대 서사시를 합주하는 향연이 벌어지는 축제의 장입니다. 또 그 산은 하이킹, 등산, 암벽등반, 요트, 카누, 승마, 래프팅, 산악자전거, 스키, 설산 걷기, 패러글라이딩 등 야외 스포츠의 요람이기도 합니다. 그런 산을 한 번도 탐방해 보지 않고 생을 마친다면, 하나님 나라에서 "너는 세상에서 무엇을 하며 지냈느냐?" 하고 물으실 때 대답이 궁색해질 것 같습니다.

로키에는 그동안 여러 차례 왔었습니다. 매번 올 때마다 짧은 시간을 틈내어 3~4일 동안 주마간산 식으로 산과 호수를 둘러보았습니다. 그러고는 산을 떠날 때마다 항상 아쉬움을 달래며 다음에 다시 올 때는 이 산을 구석구석 탐방해야 하겠다는 숙제를 남기곤 했습니다.

로키는 캐나다 BC주 북 로키산 주립공원에서 발원하여 앨버타 주를 지나 미국 몬태나·아이다호·와이오밍·유타·콜로라도·뉴멕시코주까지 이어지며 북아메리카의 지붕을 이루는 거대한 산맥입니다.

캐나다 로키만 해도 BC주와 앨버타 주에 걸쳐 5개의 국립공원이 있고, 주변에 있는 주립공원까지 고려한다면 한반도 면적보다도 넓습니다. 그렇게 거대한 산을 며칠 동안 둘러보고 로키를 다 보았다고 말하

는 것은 아무리 생각해도 로키에 대한 예의가 아닙니다.[2]

　로키에는 수백 개의 험산 준령과 거대한 빙하가 도사리고 있습니다. 그 속에는 또한 수백 개 트레일이 우리 몸속을 지나는 혈관처럼 서로 연결되어 있습니다. 짧게는 3~4시간이면 다녀올 수 있는 간단한 하이킹 코스부터 길게는 10여 일 이상 산에서 캠핑하며 비경 속을 지나는 300여 km 트레일까지 그 수는 일일이 열거하기 벅찹니다. 작년에 이어 금년 여름 로키에 머무르는 세 달 동안 나는 3,000m 이상 산이 모여 있는 밴프 국립공원, 요호 국립공원, 쿠트니 국립공원, 재스퍼 국립공원 주변 트레일을 집중적으로 탐사했습니다.[3]

　주변 사방을 아무리 둘러보아도 공해 요인이라고는 전혀 보이지 않는

2　가. 로키산에 있는 국립공원: 재스퍼 국립공원, 밴프 국립공원, 요호 국립공원, 쿠트니 국립공원, 워터톤 레이크스 국립공원
　　나. 로키산 주변 국립공원: 빙하 국립공원, 레벨스톡 국립공원
3　로키의 트레일
　　가. 롭슨산 주변: Berg Lake Trail(편도 21km).
　　나. 레이크 루이스 주변 트레일: Lake Shore Trail(왕복 4km), Saddleback Pass(왕복 7.4km), Fairview Outlook Trail(왕복 10.2km), Mirror Lake Trail(왕복 6km), Lake Agnes Trail(왕복 12km), Beehive Trail(왕복 8.2km), Big Beehive Trail(왕복 9.2km), Plain of 6 Glaciers Trail(왕복 9km), Plain of 6 Glaciers Tea House(왕복 14km), Lake Louise Villege Trail(왕복 15km), Moraine Lake Trail(편도 14km), Paradise Valley Trail(왕복 30km).
　　다. 모레인 레이크 주변: Consolation Lakes Trail(왕복 6km), Eiffel Lake Trail(왕복 11.4km), Larch Valley Trail(왕복 9.4km), Pinnacle Mountain Trail(왕복 18km), Wenkchemna Pass Trail(왕복 20km), Moraine Lakeshore Trail(왕복 4km), Sentinel Pass Trail(왕복 16.2km), Eiffel Lakes Trail(왕복 12km), Paradise Valley Trail(왕복 24km), Taylor Lake Trail(편도 13km).
　　라. 재스퍼 국립공원 주변: Maligne Canyon Trail(왕복 6km), Annette Lake Trail(왕복 8km), Mt. Edith Cavell Trail(왕복 5km).
　　마. 요호 국립공원 주변: Emerald Lake(왕복 20km), Lake O'Hara(왕복 23km).
　　바. 보우 호수 주변: Helen Lake(왕복 12km), Katherine Lake 왕복(16km), Dolomite Pass(왕복 18km), Cirquit Pick(왕복 20km), Johnston Canyon Trail(왕복 12km), Ink Pots(왕복 9.4km).

신들의 땅 로키

각종 트레일 안내 표지

천혜의 비경 속을 트레킹하는 것은 이곳에서 빼놓을 수 없는 즐거움입니다. 눈부신 하늘! 야생화 향기 은은한 맑은 공기! 졸졸졸 흐르는 개울물 소리! 피톤치드 가득한 숲속 길을 걷는 것은 그 무엇에도 비교할 수 없는 상쾌한 체험이 아닐 수 없습니다.

로키의 트레일은 모두가 흠잡을 수 없을 만큼 잘 정비되어 있습니다. 트레킹을 하는 동안 길 양옆으로 도열하듯 서 있는 가문비나무·삼나무·전나무·소나무·낙엽송으로 가득한 숲속에서 심호흡하면 나무가 뿜어내는 잔잔한 향기가 폐부 깊숙이 스며들어 몸은 물론 마음까지도 상쾌해집니다.

트레일을 조성하고 관리하는 데 들이는 공원관리공단의 노력과 정성은 세계 어느 공원보다도 훌륭합니다. 사람들이 즐겨 찾는 트레일로부터 인적이 거의 없는 적막한 트레일에 이르기까지 길을 다듬고 정비하

모레인레이크 트레일 파라다이스밸리 트레일

돌로밋 패스 트레일 요호 국립공원 Histroic Site Trail

는 데 들이는 공원관리공단의 노력에는 아무리 큰 박수를 보내도 모자랍니다. 심지어는 일반 시민들도 '국립공원 지킴 도우미' 활동에 자발적으로 참여하여 공원을 지키고 보호하며, 때로는 감시자 역할을 하는 데 앞장서기도 합니다.

센티널 패스 트레일은 길이가 왕복 18㎞에 달하는 아름다운 길입니다. 센티널 패스 능선에서 그랑센티널을 지나 파라다이스 밸리로 내려온다면 그 길이는 자그마치 27㎞나 됩니다.

모레인 호수를 따라 구불구불 오르는 5㎞의 숲속 급경사 길은 진입로로 들어서는 순간부터 가쁜 숨을 몰아쉬게 합니다. 가문비나무와 전나무가 빽빽한 길을 따라 3시간 가까이 오르는 동안 심장은 가슴 밖으로 튀어나올 듯 요동치고, 숨은 가슴을 지나 턱밑에서 헐떡거리게 만듭니다. 하지만 호수 건너편에 도열하듯 서 있는 신비로운 산과 피톤 향기 짙게 내뿜는 숲 내음은 지치고 힘든 가슴에 싱그러운 에너지를 보상으로 채워 줍니다.

더구나 나무숲 사이로 가끔씩 모습을 드러내는 푸른빛 감도는 페이 빙하와 모레인 레이크의 에메랄드 빛 색조는 푸른 하늘, 은빛 빙하, 초록색 숲이 조화를 이루어 한 폭의 근사한 풍경화가 눈앞에 펼쳐져 있는 듯싶습니다.

숲속 경사 길을 따라 라치밸리로 올라가는 길에 캐나다 식물학자 Markhopkmj를 만났습니다. 그는 로키의 생태 환경과 다양하게 서식하는 식물 종류에 대해 자신의 해박한 지식을 동원하여 설명해 주었습니다.

그의 말에 따르면, "로키에 있는 나무는 모두가 크리스마스트리처럼 생겼어도 로키에는 다섯 종류의 소나무Pine Tree, 세 종류의 가문비나무Sprus, 세 종류의 전나무Fir, 삼나무Cedar, 낙엽송Larch, 솔송나무Hemlock가 있으며, 미루나무Aspan, 포플러Cuttonwood, 오리나무Alder, 자작나무Birch, 오크나무Oak, 단풍나무Maple 등 여러 종류의 수목과 야생화들이 서식한다."고 합니다.[4] "로키에서 가장 흔히 보이는 수종은 로지폴 파인과 솔송나무, 삼나무이며, 낮은 지역에서는 활엽수가 많이 보이지만 고산지대로 갈수록 침엽수로 바뀐다."고 합니다. 또한 "2,000m 이상 올라가면 낙엽송이나 키 작은 나무만이 낮게 자라다가 로키의 생존 한계점인 2,600m 이상 고지대로 올라가면 척박한 환경 속에서 키 작은 식물만이 힘겹게 생존한다."고 합니다.

나무 사이로 보이는 빙산 고봉군高峯群을 바라보며 3시간 가까이 산을 오르니 라치밸리 고원분지가 눈앞에 펼쳐졌습니다. 라치밸리를 지나는 3㎞ 평원에는 수많은 야생화가 황홀하게 피어 있습니다. 고산지대에 누가 씨를 뿌리거나 보살피지도 않는데도 야생화가 만개해 있는 것을 보면서, 자연의 신비에 경외심을 갖지 않을 수 없습니다. 라치밸리까지 올라온 것만으로도 세 시간이 넘도록 땀 흘리며 애써 올라온 보람은 충분합니다.

---

4 가. 로키산에 서식하는 소나무 종류: Ponderosa Pine, Lodgepole Pine, Limber Pine, Whitebark Pine, Western White Pine.
　나. 로키산에 서식하는 가문비나무 종류: White Sprus, Blue Sprus, Engelmann Sprus.
　다. 로키산에 서식하는 전나무 종류: Subalpine Fir, White Fir, Douglas Fir.

페이산과 볼렌산 빙하

모레인 레이크 뒤편 콘솔레이션 호수와 페이산

라치밸리와 센티널 패스

라치밸리를 지나 센티널패스로 오르는 길은 신들의 정원을 거니는 듯싶습니다. 모레인 호수에 당도하는 순간부터 신비로운 색조를 띤 빙하 호수와 호수 뒤편에 펼쳐진 바벨산, 볼렌산, 톤사 피크, 엘렌산, 델타폼산의 거대한 빙산은 가슴을 콩닥거리게 할 만큼 설레게 했습니다.[5]

우리는 가끔씩 높은 산에 오르거나, 비행기에서 우리가 살던 곳을 내려다볼 때 우리가 세상 속에서 사는 동안에는 그토록 중요시해왔던 가치들이 사실은 별것 아니며, 낮은 곳에서는 좀처럼 알 수 없었던 하늘의 섭리를 쉽게 깨우치게 됩니다.

우리는 이 땅에서 채 일백 년도 생존하기 어려운 존재이지만, 과도

5　Mt. Babel(3,101m), Mt. Fay(3,215m), Mt. Little(3,088m), Mt. Bowlen(3,702m), Mt. Tonsa(3,057m), Mt. Perren(3,051m), Mt. Allen(3,310m), Mt. Tozo(3,246m), Mt. Deltaform(3,424m), Mt. Neptunk(3,233m).

　　　　　　　　　　　　　　　　　　　　　신들의 땅 로키

한 욕심 때문에 자신이 감당하기 어려운 번민의 짐을 스스로 지고 그 짐의 무게 때문에 괴로워하는 경우가 참 많습니다. 벗어 놓아도 좋을 짐은 미련 없이 확 던져 버릴 때 자유로울 수 있음을 알면서도 쉽게 내려놓지 못합니다. 때가 되면 모두가 순리에 따라 자연의 일부로 돌아간다는 사실을 상기하면, 우리는 보다 더 폭넓고 성숙된 삶을 살 수 있지 않을까 생각됩니다.

미네스팀마 호수에서 센티널 패스 능선에 이르는 1.5㎞ 오르막 구간은 보기만 해도 아찔합니다. 오른쪽으로는 템플산이, 왼편으로는 에펠산과 피너클산이 도사리고 있고[6], 두 협곡 사이 절벽을 오르는 길은 가슴 조이도록 가파릅니다. 나는 센티널 패스에 오르던 길에 피너클산 빙하에서 녹아내린 미네스팀마 호수 물을 병에 담아 벌컥벌컥 들이켰습니다. 가슴 속까지도 얼어붙게 할 만큼 차가운 호수 물은 지친 심장에 생기를 넣어 주는 활력소입니다.

센티널 패스 능선으로 올라가는 협로는 무척 가파릅니다. 발을 한 발짝 움직일 때마다 크고 작은 돌들이 절벽 아래로 무수히 흘러내렸습니다. 더욱이 협로 중간에는 높은 산에서 흘러내린 잔설까지 덮여 있어 발걸음을 움직이는 것조차 무척 조심스러웠습니다.

큰 산에 오를 때는 주변을 거시적으로 조망하며, 다변하는 상황을 정확하게 판단하고 대처해야 합니다. 그러나 센티널 패스 언덕을 오를 때는 거시는 물론이려니와, 미시라는 개념조차 생각할 겨를이 없습니다. 절벽 아래로 눈길을 돌리는 순간 낭떠러지 아래로 추락할 것만 같아 두

---

6 Mt. Temple(3,543m), Mt. Eiffle(3,077m), Mt. Pinnacle(3,067m).

센티널 패스 능선 오르는 길   센티널 패스 언덕

센티널 패스 정상에서 바라보는(뒷배경) 파라다이스 밸리, 레프로이 산, 애버딘 산

다리가 뻣뻣해지고 한 발짝도 전진하기 힘이 듭니다. 그럴 때일수록 두 눈을 가늘게 뜨고 두세 걸음 앞만 바라보고 전진해야 합니다. 멀리 보고 판단하는 것이 현명한 일이기는 하지만, 너무 현명하려다가는 자칫 용기마저 잃게 됩니다. "무식해야 용감해진다."는 말이 그처럼 절실하게 다가올 수 없습니다.

이렇게 두세 걸음 앞 땅만 바라다보며 1시간을 오르니 시야가 확 트이며 멀리 눈 덮인 산과 눈부시도록 아름다운 풍광이 눈앞에 전개되었습니다. 센티널 패스에서 연결된 파라다이스 밸리입니다. 천하 절경이 눈앞에 펼쳐져 있습니다.

정상에 올라 암반 산의 기하학적 산세와 파라다이스 밸리를 바라보며 턱밑까지 차오르는 숨을 진정시켰습니다. 온몸이 힘에 부치고 다리에는 미세한 경련까지 일어났지만, 가슴속으로부터 진한 감동이 솟구쳐 올라왔습니다.

눈앞 좌측으로 보이는 기묘한 형상의 그랑세니텔 바위는 수억 년 세월 동안 빙하와 풍상의 침식으로 절묘하게 조각되었고, 절벽 건너 멀리 후버산·빅토리아산·에버딘산의 은빛 빙하가 푸르름에 가까운 광채를 발하고 있습니다. 파라다이스 밸리의 말편자 목초지에는 작은 호수가 빙하 협곡 속에 비취색 색채를 뿜어내고 있고, 모레인 호수 뒤편 톤사 피크로부터 에펠 피크를 지나 웬크쳄나 패스 트레일에 이르기까지는 얼음 덮인 빙하 봉우리가 도열해 있습니다. 아마도 이곳은 하나님께서 인간들에게 천국 정원을 미리 경험해 보라고 내려 주신 축복인가 봅니다.

3년 전, 스페인 세비야에서 이슬람 무어인들이 600년 동안 스페인 땅을 지배하면서 그들의 찬란한 문화 속에 남긴 알카사르 정원을 본 적이 있습니다. 이 세상에 천국이 어디 있으리오만, 사람이 만든 구조물 가운데 그토록 아름다운 정원이 또 있을까 싶었습니다.

알카사르는 알모하드 문명의 토대 위에 안달루시아 기독교 문명이 남긴 구조물이지만, 센티널 패스는 자연 걸작입니다. 나는 무릉도원을 닮

웬크쳄나 패스 트레일 능선과 Wastach Mountain

은 장원에서 이 세상 가장 뜻깊고 행복한 트레킹을 체험했습니다.

　여름일지라도 로키산 정상 바람은 매섭습니다. 3,000m가 넘는 고산 지대이기에 수시로 일기가 급변하며 햇빛이 비치다가도 비바람이 몰아치기를 되풀이합니다. 우리가 산을 오르는 동안에도 몇 차례나 햇빛과 구름이 교차하다가 급기야는 눈보라가 휘몰아치는 세리머니까지 경험했습니다. 이곳까지 모진 땀 흘리며 힘들게 올라온 우리에게 하늘이 내

신들의 땅 로키

려 주는 7월 중순의 고진감래 선물이라고 여겼습니다.

문화는 아는 사람 눈에 아는 만큼만 보인다고 하지만, 센티널 패스 트레일은 산을 모르는 우리에게도 보이는 것 이상의 진한 감동과 설렘을 안겨 주었습니다. 10시간 동안의 센티널 패스 트레일 하이킹과 정상에서 바라본 레프로이산, 빅토리아 노스피크, 톤사피크 파노라마 정경은 우리가 로키에서 경험했던 인상 깊은 추억 중 하나로 기억됩니다.

다음 기회에 센티널 패스 트레일에 다시 올 때는 며칠 동안 머무를 수 있는 채비를 단단히 하고 와서, 자연이 들려주는 라치밸리와 파라다이스밸리의 대 서사시에 마음을 맡기고 하늘이 들려주는 소리를 경청해야겠습니다.

로키파일 10개 고봉과 웬크쳄나 패스

03

호수의 황제,
모레인 호수

모레인 호수

잊을 수 없는 대화가 있습니다. 20여 년 전, 경주에서 캐나다인을 만나 나누었던 호수 관련 이야기입니다. 신라 천년 문화를 자랑스럽게 소개하며, 보문 호수를 'Bomoon Lake'라고 소개했습니다.

호수를 한참 살펴본 그 친구는 야릇한 미소를 짓더니 "레이크가 아니라 폰드로군요."라고 응수했습니다. 그때 무슨 이유에서인지 얼굴이 빨개질 정도로 유쾌하지 않았던 기억이 아직도 뇌리에서 사라지지 않습니다. 그래 봬도 정부가 국책사업으로 자랑스럽게 조성한 호수를 연못이라고 말하다니…

호수나 연못은 지표상의 담수로 덮인 영역입니다. 통상 물이 담긴 크지 않고 수심이 얕은 것을 연못, 그 이상의 것을 호수로 칭합니다. 하기야 캐나다에는 캐나다 인구보다도 호수 숫자가 더 많으니, 우리 눈에 크게 보이는 보문호수를 우리가 아무리 호수라고 외쳐댄들 그들 눈에는 연못 정도로 비쳐졌을지도 모를 일입니다.

캐나다는 호수가 참 많은 나라입니다. 어떤 호수는 그 규모가 바다인지 호수인지 분간하기조차 쉽지 않습니다. 오대호 중 하나인 슈퍼리어호는 크기가 한반도만 하며, 그런 호수가 여러 개나 있습니다. 규모만 큰 것이 아닙니다. 호수 주변 멋진 산림은 매혹적이기 그지없거니와, 하늘 높이 솟은 침엽수림과 그 수목에서 뿜어내는 피톤치드 가득한 향기는 몸과 마음에 상쾌한 기운을 가득 불어넣어 줍니다.

로키에 아름다운 호수는 참 많습니다. 로키의 상징처럼 각종 홍보물에 등장하는 재스퍼 국립공원의 말린 호수, 피라미드 호수, 에디스 호수, 밴프 국립공원의 레이크 루이스, 모레인 호수, 보우 호수, 민네완카 호수, 요호 국립공원의 에메랄드 호수, 오하라 호수, 헤밀턴 호수… 이들 호수는 모두가 나름대로 기묘한 형상의 산과 비경에 어우러져 특색 있는 매력을 발산합니다.

　로키에서 가장 인상 깊은 호수를 말하라고 한다면, 나는 주저 없이 오하라 호수를 먼저 꼽습니다. 그러나 오하라 호수는 주차장에서 12㎞ 떨어진 산중에 있어 그곳까지 가는 셔틀버스를 미리 예약해야만 접근할 수 있습니다. 하지만 하루 42명에게만 주어지는 셔틀버스에 탑승하거나, 2~3년 전에 마감하는 호숫가 숙소를 예약하기란 하늘의 별 따기입니다.

　모레인 호수로 접근하는 길은 그리 녹록지 않습니다. 레이크 루이스 빌리지에서 14㎞ 떨어진 산중에 있는 모레인 호수는 탐방객 수를 통제하지는 않지만, 이 호수를 찾고자 하는 사람이 너무 많아 보통 오전 6시 전후부터 주차장이 포화 상태가 됩니다. 그래서 대부분 사람들은 레이크 루이스나 레이크 루이스 근교 임시주차장에 차를 세워 두고 셔틀버스로 갈아타고 들어갑니다. 캐나다 20달러짜리 지폐 뒷면에 등장할 정도로 유명한 호수이지요.

모레인 호수 주변 트레일 지도

레이크 루이스(밴프 국립공원)

보우 호수(밴프 국립공원)

말린 호수(재스퍼 국립공원)

에메랄드 호수(요호 국립공원)

해밀턴 호수(요호 국립공원)

사실 이 호수에는 그동안 여러 차례 왔습니다. 하지만, 대부분 오후이거나 날씨가 흐리고 비 내리는 경우가 많았습니다. 날씨 변화가 잦은 고산지대이기에 맑은 날 정오 시간에 맞추어 오기란 쉬운 일이 아닙니다. 또 맑은 날 올라와도 이곳은 짙은 안개나 비구름에 가려 있는 경우가 많습니다.

어제와 그제 새벽에도 작심하고 일찍 일어나 왔었습니다. 아침 6시 30분에 도착했음에도 주차장은 이미 먼저 온 차들로 가득 차 있어 입구에서부터 출입을 막았습니다. 경치 구경이나 트레킹에 목숨 걸 일은 아니지만, 어젯밤에는 호수 근처 RV Park에서 밤을 지내고 다음 날 새벽 4시에 일어나 5시 30분에 주차장에 도착했습니다. 그러나 그 시간에도 벌써 RV 주차장은 먼저 온 차량들로 꽉 차 있어, 마지막 남은 주차장 한구석에 겨우 주차할 수 있었습니다. 이곳이 워낙 유명하고 찾는 이가 많다는 반증이지요.

주차하는 데는 성공했지만, 해가 뜨기까지는 30분 이상 더 기다려야 했습니다. 새벽부터 서둘러 온 것이 내심 유쾌할 리 없습니다. 공원 안내 요원에게 "요 며칠간 매일 아침 6시 전후 주차장에 도착했지만, 빈자리가 없어 주차하지 못하고 되돌아갔다. 도대체 몇 시까지 와야 하느냐?" 하고 물었습니다.

국립공원 내에서는 주차장에 밤샘주차Over night parking가 허용되지 않습니다. 호텔이나 숙소에 딸린 주차장, 또는 RV 파크나 캠프그라운드에서만 밤샘주차가 가능합니다. 안내 요원은 "새벽 5시에 와서 주차하고 기다렸다가 날이 밝으면 호수나 산으로 올라가라."며 가볍게 대답했습니다. 나는 재차 물었습니다. "새벽 5시에 도착하려면 숙소에서는 3시나 4시에 출발해야 한다. 호수를 보기 위해 밤잠도 자지 말고 오라는 얘기냐?", "밤 12시 이전에 와서 주차장에 Over night parking하고 밤을 지새워도 괜찮으냐?"고 거듭 물었습니다.

그는 질문에 대답은 하지 않고 빙긋 웃으며 "새벽에 주차하고 아침을 기다리는 것은 Over night parking은 아니다."라며 "Do you know what I mean?"을 연발했습니다. 그리고 덧붙이기를 "밤 10시 이후에는 근무자도 퇴근한다."며 다시 "Do you know what I mean?" 합니다. 나도 그가 알아들을 만큼 큰 소리로 대답했습니다. "I got it. I understood what you meant!"

모레인 호수 진입로 파노라마 피크

모레인 호수 진입로 가문비나무

이른 아침부터 가득 찬 모레인 호수 주차장

야생 다람쥐와 친교

아침 일찍 호수 주차장에 도착한 사람들은 호수를 조망할 수 있는 전망대로 올라가, 호수와 호수 뒤편에 펼쳐진 거대한 병풍 같은 로키파일 10개 고봉군高峰群을 바라보며 인증 샷을 남기고는 다음 행선지로 바쁘게 움직입니다. 짧은 일정에 여러 곳을 둘러보기 위해서는 한 장소에서 많은 시간을 할애할 수 없기 때문입니다.

이 호수를 찾는 대부분 사람들은 호수 옆길을 따라 레이크 트레일을 트레킹하거나 장거리 트레킹 출발점으로 삼습니다. 왜냐하면 이 호수 주변에는 콘솔레이션 트레일, 에펠레이크 트레일, 라치밸리 트레일, 센티널 패스 트레일, 피너클 트레일, 웬크쳄나 패스 트레일 등 매력적인 트레킹 코스가 너무나 많기 때문입니다.[7]

나도 실은 아침 햇살에 비치는 모레인 호수를 바라본 후, 호수에서 서쪽으로 7㎞ 떨어진 라치밸리, 피너클 트레일을 트레킹하고, 에펠 피크를 지나 웬크쳄나 패스를 따라 넵튜악산까지 가서 은둔의 장막에 가려져 있다는 오하라 호수와 맥아더 호수를 먼발치에서나마 보고 싶었기에 아침 일찍부터 서두른 것입니다.

일출 시간에 맞추어 로키파일 트레일을 따라 호수 전망대로 올라갔습니다. 모레인 레이크는 해발 1,887m에 위치해 있지만, 고지대라고 생각되지 않습니다. 왜냐하면 호수 뒤에 3,234m 높이의 페이 빙하가 호수를 굽어보고 있고, 리틀산·보울러산·알렌산·투조산·델타폼산[8] 등

---

7 모레인 레이크 주변 트레일: Consolation Lakes Trail(왕복 6km), Eiffel Lake Trail(왕복 11.4km), Larch Valley Trail(왕복 9km), Pinnacle Mountain Trail(왕복 13km), Wenkchemna Pass Trail(왕복 20km), Moraine Lakeshore Trail(왕복 4km), Sentinel Pass Trail(왕복 16.2km), Eiffel Lakes Trail(왕복 12km), Paradise Valley Trail(왕복 28km), Taylor Lake Trail(편도 13km).

8 리틀산(3,149m), 볼렌산(3,085m), 알렌산(3,301m), 투조산(3,249m), 델타폼산(3,424m).

신들의 땅 로키

거봉이 장엄하게 호수를 내려다보고 있기 때문입니다.

아침 붉은 태양이 동쪽 하늘을 가르며 솟아오를 때, 금빛보다도 찬란한 햇빛에 비치는 호수는 빙하 부유물 속에 녹아 있는 돌가루와 유기물들을 산란시켜 영롱한 에메랄드 빛으로 빛나고, 호수 속에 투영된 하늘은 실제 하늘보다 더욱 푸르게 보입니다.

호수 물은 햇빛 강도에 따라 산란되어 청록색 혹은 청옥색으로 바뀝니다. 호수 색깔이 에메랄드 빛이나 청옥색으로 빛나는 이유는 햇빛이 비칠 때 호수에 유입된 빙하수에 섞인 석회석 성분의 미세 암석 조각이 가시광선 중 에메랄드 빛만을 반사해 내기 때문이지요. 가히 압권입니다. 보석처럼 빛나는 호수를 바라보는 입에서 감탄에 가까운 신음 소리가 절로 새어 나왔습니다. 군더더기 설명이 필요 없는 명품 호수입니다.

투명한 호수는 호수 자체보다도 호수를 둘러싼 산세가 더욱 장관입니다. 하늘과 땅을 이은 듯 수직으로 높게 솟은 바위벽은 인간의 발길이 전혀 닿은 적 없어 보이고, 수억 년 융기와 침강을 거듭해 온 지구의 비밀스러운 속살 나이테가 바위 속에 여과 없이 드러나 있습니다. 모레인 호수를 호수 중의 호수라고 말하기에 전혀 손색이 없습니다. 이 아름다운 산과 호수는 자연의 힘으로 형성되었다고 하기는 너무나 오묘합니다. 차라리 신의 은총으로 빚어진 축복의 산물이라고 믿는 편이 받아들이기 훨씬 쉬울 것 같습니다.

수억 년 전 고생대 시대에 태평양 해저에 잠겨 있던 심해 지층이 태평양 지각대의 거대한 힘에 밀려 아메리카 대륙판과 충돌하면서 솟아오르고 뒤틀리면서 형성된 신비로운 산! 햇빛에 반사되어 시시각각 다른 빛을 띠며 영롱한 자태를 뿜어내는 산호색 빙하호! 그 경이로운 현상을 바라보노라면 채 일백 년을 생존하기 어려운 인간은 46억 년 장구한 세월 동안 이 땅의 진화 과정을 목도해 온 위대한 자연과 역사 앞에 겸허해야겠다는 생각이 들지 않을 수 없습니다.

날씨 맑은 날 모레인 호수로 들어오는 14㎞의 진입로는 참 기분 좋은 드라이브 길입니다. 도로 양옆으로 가문비나무와 삼나무가 도열하듯 늘어서 있고, 주변 산세는 선계의 신선들이 거니는 장소처럼 물결치듯 범상치 않게 굽어 있습니다. 겨울철에는 적설량이 많아 이 도로가 봉쇄되며 크로스컨트리 스키장으로 바뀐다고 합니다.

밴프 국립공원에는 세 곳에 스키장-마운트 노퀘이 스키장Mt. Norquay Ski Resort, 선샤인 빌리지 스키장Sunshine Village Ski Resort, 레이크 루이스 스키장Lake Louise Ski Resort-이 있습니다. 그 가운데 레이크 루이스 스키장은 스키 전문 미디어들이 선정한 캐나다 최고 경관을 자랑하는 스키장입니다. 사방이 흰 눈으로 덮인 레이크 루이스에서 설경을 바라보며 스키를 타는 일은 상상만으로도 기분이 날아오를 것 같습니다.

레이크 루이스 진입로로부터 호수가 가까워질수록 호수를 감싸고 있는 템플산·바벨산의 설산과 빙하군氷河群의 위용이 드러나면 설레던 가슴은 쿵덕쿵덕 방망이질을 합니다. 마지막 순간 모습을 나타내는 모레인 호수는 호수의 황제답습니다. 다물어지지 않는 입에서는 탄식에 가까운 환호가 튀어나오고, 그 멋진 광경을 머리 속 기억상자에 저장하기 바쁘지요.

일출이 끝난 시각의 호수는 검푸르게 빛납니다. 호수 전망대에서 내려와 레이크쇼어 트레일을 지나 라치밸리로 트레킹에 나섰습니다. 미

스파이럴 트레일 트레킹

모레인 호수 뒤편의 페이 빙하와 볼렌산

끄럼을 방지하고 오르기 쉽게 하기 위해 지그재그로 나 있는 스파이럴 방식의 트레일이 급경사 길을 한결 수월하게 오를 수 있게 해 주었습니다. 길을 오르는 동안 가끔씩 숲과 나무 사이로 슬쩍슬쩍 드러내는 바벨산 능선과 파노라마 피크 위용은 하늘로 올라가는 비단길을 펼쳐 놓은 듯하고, 간헐적으로 높이 솟은 나무 사이로 모습을 드러내는 산호색 모레인 호수는 청아하기 그지없습니다.

스파이럴 방식의 트레일이라도 가파른 경사 길을 오르느라 헐떡이는 가슴과 무거운 다리는 멈추어 서서 쉬며 가라는 신호를 계속 보내왔습니다. 하지만 가쁜 호흡 속에서도 눈앞에 쉴 사이 없이 펼쳐지는 라치밸리 야생화와 피너클산 비경 파노라마는 멈출 수 없는 찬탄을 자아내게 하고, 모레인 호수 뒤편에 거대한 병풍처럼 세워진 페이 빙하와 톤사 피크의 신비스러운 빙하 고봉군은 멈추지 말고 계속 전진하라고 재촉합니다

드디어 피너클산과 에펠 피크를 지나고 거칠고 험한 바윗길을 지나 웬크쳄나 패스 정상에 도달했습니다. 가쁜 숨을 몰아쉬고, 모레인 호수 뒤편에 있는 10개 빙하 고봉군과 에펠 호수 안에 풍덩 빠지듯 잠겨 있는 피너클산을 바라보았습니다. 아! 압권입니다. 이곳이 신선들의 세계 神界인지, 인간의 세상인지…. 외부 세계로는 전화는 물론 인터넷조차 접속되지 않지만, 밖의 세상 소식이 궁금하지 않을뿐더러 관심조차 사라집니다.

"신은 인간에게 행복을 선물할 때 쉽게 찾을 수 없도록 시련 건너편에 두시고, 또 남들이 쉽게 훔쳐갈 수 없도록 마음속 은밀한 곳에 감추어 두셨다."고 합니다. 신선들이 노닐 것 같은 정원에서 이런 풍광에 취

하는 것이 고진감래의 기쁨이라면, 이런 행복한 느낌을 얻기 위한 시련은 백 번이라도 마다하지 않겠습니다.

아무리 둘러보아도 모레인 호수와 호수를 둘러싼 빙하군 위용은 황제의 기상을 닮았습니다. 그래서 황제 호수인가 봅니다.

웬크쳄나 패스(Wenkchemna Pass) 정상

바벨산, 볼렌산, 톤사 피크, 그리고 Valley of 10 Peaks

일출이 끝난 후의 모레인 호수

넵튜악산

로키의
야생화

헬렌 호수 트레일의 야생화

야생화는 세계 어느 나라 산이나 들에 형형색색 아름답게 피어 있습니다. 이들은 거친 자연 속에서도 꽃 피우고 열매를 맺으며, 신비로운 꿀을 만들어 인간에게 선사합니다. 벌과 나비를 유혹하여 생태계가 선순환되는 것을 돕고, 때로는 새나 산짐승에게 자신의 몸까지 기꺼이 내주어 먹이가 되어 주기도 합니다.

산과 들에 곱게 핀 야생화는 학자들뿐만 아니라 이를 관찰하려는 사람들에게도 꽤 인기가 있습니다. 어떤 이들은 심산유곡을 찾아 희귀한 야생화를 촬영하여 작품 발표회를 하거나, 해설을 곁들여 도록圖錄으로 출간하기도 합니다.

로키의 으뜸은 밴프와 재스퍼를 잇는 300여 ㎞의 아이스파크웨이와 파크웨이 주변 4개 국립공원에 가득 채워진 설산과 호수입니다. 하지만, 산과 호수만 아름다운 것이 아닙니다. 야생화의 보고이기도 합니다. 수백 종 야생화가 높은 산과 깊은 계곡, 척박한 골짜기에 뿌리 내려 형형색색 아름다운 자태를 뽐냅니다.

수많은 꽃들이 작은 꽃망울을 터트리고 은은한 향기를 내뿜는 산에는 신들이 금방이라도 사뿐히 내려와 축제를 벌일 것 같다는 생각이 듭니다. 야생화 향기 가득한 산속을 거닐 때 나는 그 신비로운 향기에 취해 이대로 숨이 멎어도 좋겠다는 생각마저 들었습니다.

로키의 야생화는 키를 높이 세우거나 몸집을 크게 갖지 않습니다. 고산에서 긴 겨울 동안 차가운 눈 속에 묻혀 있다가, 짧게 지나가는 여름 동안 싹을 틔우고 꽃 피워 열매를 맺고는, 몸을 웅크린 채 침묵하며 다시 올 봄을 기다려야 하기 때문입니다.

키를 높게 세우거나 몸집을 크게 갖기에는 시간이 너무 촉박합니다.

차가운 비바람을 견디어 내는 것도 쉽지 않습니다. 여름에도 때때로 진눈깨비 휘날리는 열악한 환경에서 생존하기 위해서는 몸을 낮추고 꽃을 조그맣게 피워야 합니다. 그리고 추운 겨울이 오기 전에 재빨리 열매를 맺어 땅에 흩뿌리고는, 차가운 대지에 낮게 엎드려 다시 올 봄을 맞이하기 위해 기다려야 합니다. 그 작은 식물들의 놀라운 생명력이 경탄스럽습니다.

미국인들은 신이 지상에 만들어 놓은 가장 위대한 장소는 그랜드 캐니언이라며 그랜드 캐니언에 대한 자부심이 대단합니다. 그러나 그 신이 가장 살고 싶어 하는 곳은 세도나라며, 세도나의 단아한 아름다움을 은근히 자랑하기도 합니다. 그 자랑이 단순한 허풍이 아니라 전부 사실임을 인정하지 않을 수 없습니다. 그러나 내 생각에 신들이 모여서 축제를 벌인다면 그랜드 캐니언이나 세도나가 아니라, 이곳 로키의 장원莊園에서 벌일 것임에 틀림없다는 생각이 듭니다.

조각품처럼 정교하게 빚어진 산, 형형색색 오묘한 빛을 발하는 호수, 오랜 세월 풍상에 침식되고 폭포로 다듬어진 절묘한 계곡, 야생화 향기 은은한 숲, 가문비나무·삼나무·전나무·낙엽송에서 발산하는 피톤치드 듬뿍 머금은 맑은 공기…. 무엇 하나 나무랄 데 없는 낙원입니다.

알래스카 원시 자연도 빼놓을 수 없는 비경이지요. 그러나 알래스카는 현대 문명의 때는 묻어 있지 않을지라도 문명의 훈풍 지대로부터 너무나 멀리 떨어져 있습니다. 그뿐만 아니라 너무 추워서 축제 장소로는 적합하지 않을 것 같습니다. 로키는 알래스카의 광대한 자연에 펼쳐진 모든 아름다움을 한곳에 농축시켜 놓았다고 해도 좋을 만큼 알래스카와 자연환경이 비슷합니다.

국립공원으로 이어지는 길 아이스파크웨이에도 불꽃·민들레·산국화가 도로가에 무성하게 피어 있습니다. 적보라색 불꽃이나 샛노란 민들레는 이곳을 찾는 사람들을 환영하기 위해 도로가에 도열해 서 있는 것 같습니다.

콜롬비아 아이스필드의 불꽃 Fireweed

적보라색 불꽃은 도로변과 야산에서 자주 눈에 뜨입니다. 불꽃은 북아메리카 추운 지역에서만 자생하는 야생화입니다. 갈대과 잡초에 속하며 유콘주 주화이기도 한 이 꽃은 7~8월 사이 알래스카와 유콘 숲에서 흔히 보입니다. 산불로 모든 수목이 타고 난 자리에는 어김없이 불꽃이 만개하는데, 꽃 색깔이 선명한 적보라색을 띠며 멀리서 바라보면 산불이 활활 타오르는 것처럼 붉게 보여 불꽃이라고 합니다.

로키 야산에서 단일 꽃으로 가장 흔하게 보이며, 온 산야를 붉게 물들인 이 꽃의 아름다운 자태는 황홀하기까지 합니다. 불꽃에서 생산되는 꿀은 당도가 모든 꿀 가운데 가장 높고, 면역력을 높여 주며, 질병에 대한 치유 효능까지 있어 유콘 주정부가 특산품으로 지정하고 생산을 장려하는 약리성 식품입니다.

야생 민들레도 도로가와 심산 숲속에 수없이 피어 있습니다. 민들레는 민가에서 약초로도 쓰이기에 우리나라에서만 자생하는 야생화인 줄로만 알았습니다. 여행하다 보면 북아메리카나 북유럽 구릉진 동산이나 길가에서도 노랗게 만개한 민들레가 자주 보여, 전 세계에 널리 퍼져 있는 꽃임을 나중에야 알았습니다.

그 민들레가 7월 로키산 숲속을 샛노랗게 물들여 장관입니다. 콜롬비아 아이스필드 도로를 따라 갓길에 무수하게 핀 민들레는 강한 햇빛 영향으로 일찍 피었는지 벌써 시들하게 져 버렸고, 흰 포자에 싸인 민들레 씨가 도로가를 하얗게 수놓아 마치 작은 백열전구를 흩뿌려 놓은 듯합니다.

콜롬비아 아이스필드 도로가의 Castilleja

Saskatchewan Crossing의 민들레

데이지도 빼놓을 수 없는 야생화 가운데 하나입니다. 파라다이스 밸리 트레일 숲속이나 로키의 깊은 산속에서 바람결에 흰 꽃잎을 날리며 눈이 시리도록 피어 있습니다. 그 모습이 마치 연초록빛 양탄자 위에 흰 소금을 흩뿌려 놓은 듯싶습니다. 데이지는 흰색만 있는 것이 아니라 적보라색 황소눈데이지, 야산데이지, 무줄기데이지 이 외에도 유사하게 보이는 별꽃 등 비슷한 야생화들이 많아 정확히 구별해 내려면 한참을 살펴보아야 합니다.

Consolation Trail의 Oxeye Daisy

신들의 땅 로키

Paradise Valley Camp Ground 의 Arctic Aster

라치밸리 트레일 Arrow leaf Balsam Root

서양가새풀꽃(Yarro)

Queen Anne's Lace

Western Columbia

White Arctic Mountain Healther

서양가새풀꽃Yarrow이나 안네여왕레이스꽃Queen Anne's Lace은 꽃이라기보다는 수백 개의 꽃이 무리를 이룬 꽃 덩이라고 표현해야 적당할 것 같습니다. 로키산 숲속에서 자주 보이는 이 야생화는 하나의 줄기에 여러 개의 꽃송이가 매달려 정교하게 수놓은 공예품처럼 보입니다. 하지만 아무리 정교한 솜씨로 빚어진 공예품이라 할지라도 이들 야생화보다 더 아름다울 수는 없을 것 같습니다.

트레일에 오르며 숲속 관목 사이를 자세히 살피면 진귀한 꽃들이 참 많습니다. 웨스턴콜롬비아Western Columbuine, 번치베리Bunch Berry, 마운틴애번즈White Mountain Avens, 삭스프리지Saxifrage, 그린델리아로버스타Grindeliarobusta, 커먼데스카마스Common Death Camas, 파셀리아세리세아Phacelia sericea… 이 외에도 이름 모를 야생화들이 헤아릴 수 없이 피어 있어 그 이름을 일일이 열거하려면 숨이 벅찰 것 같습니다.

고산지대로 올라갈수록 야생화들은 키를 낮추고 잎과 줄기를 작게 가집니다. 해발 2,600m 이상 고지대에 이르면 키 큰 관목들은 점차 자취를 감추고, 땅에 깔리듯 낮게 자란 작은 수목들만이 생태환경에 온몸으로 저항하듯 자생합니다. 그런 수목의 임계지대臨界地帶에서조차 화이트아크틱마운튼헬씨어White Arctic Mountain Healther는 진주알보다도 작은 꽃망울을 작은 가지에 가득 매달고 누워 있습니다.

식물의 생명 현상은 참 경이롭습니다. 온통 바위뿐이어서 한 줌 흙조차 발견하기 쉽지 않은 척박한 돌 틈에 모스캠피온Moss Campion이나 애로우리프발삼루트Arrowleaf Balsamroot가 뿌리를 내리고 있으니 말입니다.

지구상 식물의 생존 한계는 북미는 해발 2,600m, 남미는 해발

Hymenoxys

서양 민들레

Alpine Avens

Pupple Daisy

Moss Campion

Red Clover

Saxifrage

Mountain Healther

Yellow Wild Mountain Daisy

White Mountain Avens

Bunch Berry

Yarrow & Castilleja

신들의 땅 로키

3,200m까지라고 합니다. 로키에 솟은 대부분 산들은 3,000m 이상 고봉입니다. 더구나 산꼭대기는 일 년 내내 눈에 덮여 있습니다. 뿌리지도 돌보지도 거두지도 않는 야생화 씨앗이 바람을 타고 험산 높은 곳까지 날아와 척박한 돌 틈과 눈밭 사이에 뿌리를 내리고, 꽃을 피우고 열매 맺는 것을 보면서, 경이로운 생명 현상에 탄복하지 않을 수 없습니다.

성경 말씀 "들의 백합화를 보라. 심지도 않고 거두지도 않는데…"를 상기하며, 눈밭에서조차 꽃 피워 생명을 전하는 야생화를 보면서 절제와 겸손의 지혜를 떠올립니다. 야생화 향기 가득한 숲속 길을 걸으며, 나도 나의 생명과 호흡이 다하는 그날까지 야생화처럼 은은한 아름다움으로 천년 숲속 향기 내뿜으며 기품 있게 살다 가려 합니다.

[그 외 이름 모를 야생화]

신들의 땅 로키

05

콜롬비아 빙하

아이스필드 파크웨이

애서배스카 빙하 계곡에서 빙하수가 밤새도록 와글와글 소리를 내며 흐릅니다. 나는 사흘 동안 빙하 계곡에 차를 세워 놓고 밤을 지새우며 빙하 폭포 소리에 귀를 기울였습니다. 고도 3,400m 얼음을 녹이고 바위를 쪼개며 빙하수가 전해주는 수만 년 인고의 세월로 빚어내는 신비한 소리는 자신의 몸을 태워 어둠을 밝히는 촛불처럼, 꽁꽁 언 몸체를 녹여 토해내는 빙하의 아픈 선율처럼 들립니다.

콜롬비아 아이스필드는 남극, 북극에 이어 세계에서 세 번째로 큰 빙원입니다. BC주와 앨버타 주 접경 콜롬비아산(3,7470m)에 있는 길이 28㎞, 면적 235㎢, 얼음 두께 350m나 되는 얼음 지붕으로, 로키산에서 가장 넓은 빙원입니다. 근처에는 로키 최고봉 22개 가운데 11개 봉우리가 주변에서 이 빙원을 호위하고 있습니다.

높은 얼음 지붕에 한 가족처럼 연결된 넓고 거대한 빙하는 10만 년 전 빙하기 때부터 쌓이고 축적된 눈이 자체 하중에 눌려 얼음 상태로 변한 것입니다. 얼음으로 있던 눈을 빙하시대가 수만 년 동안 동빙고에 보관하고 있다가 현생 인류에게 보내주는 선물 같습니다. 1만 년 전 마지막 빙하기 때까지 콜롬비아 빙하는 동으로는 방대한 초원지대까지, 북으로는 재스퍼까지, 남으로는 캘거리까지 덮여 있던 거대한 얼음 지붕이었습니다.

캐나다 로키에는 100여 개가 넘는 빙하가 있습니다. 일반인에게 콜럼비아 빙하로 알려진 애서배스카 빙하는 콜롬비아 아이스필드의 거대한 얼음이 낮은 지역으로 밀려 내려온 8개 빙하 가운데 하나입니다. 지금도 겨울 동안 1년에 약 1.2m씩 눈이 내리고, 쌓인 눈의 하중과 적설량에 따라 조금씩 낮은 곳으로 이동합니다. 면적 6㎢, 폭 300m의 빙하 동쪽으로는 바운더리산·애서배스카산·안드로메다산이, 북쪽으로는

스노우돔산·키치너산이 마주 바라보며 설상 하모니를 이루는 설국 동산입니다.[9]

　사방이 높은 산에 둘러싸여 있고, 산봉우리마다 만년설로 뒤덮여 신비스러운 느낌마저 주는 '아이스필드 디스커버리 센터'는 눈이 녹기 시작하는 4월 중순부터 추수감사절까지 세계 각지에서 온 탐방객들로 북새통을 이룹니다. 이 빙하가 1844년 처음 촬영될 당시는 아이스필드 디스커버리 센터까지 얼음으로 덮여 있었다고 하지만, 지금은 계곡 허리까지 녹아 사라졌습니다.

　20년 전 콜럼비아 아이스필드와 처음 조우했을 때만 해도 빙하는 지금보다도 훨씬 아래까지 내려와 있었습니다. 당시는 7월 말이었음에도 사방이 얼음으로 뒤덮여 겨울처럼 추웠던 것으로 기억됩니다. 그런데 지금은 지구온난화 영향으로 빙하 끝자락이 싹둑 잘려 나갔습니다.

　지구과학자들은 이 빙하가 마지막 빙하기인 1만 년 전부터 수천 년 동안 서서히 녹기 시작했으나, 지난 1세기 동안 2km가량 급격히 줄어들었다고 우려를 표명합니다. 더 큰 문제는 해빙 속도가 매우 빠른 속도로 증가하고 있다는 사실입니다.

　앵커리지에 살고 있는 지인도 "최근 몇 년 동안 적설량이 현저하게 줄었으며, 알래스카 주도인 주노는 최근 몇 년간 겨울에도 눈 구경을 할 수 없었고, 영하로 떨어지는 날도 별로 없었다."며 지구온난화를 우

9　콜롬비아 아이스필드: 로키산맥에서 가장 큰 빙하로 넓이 230㎢, 깊이 365m, 길이 20㎞에 달하며, 애서배스카 빙하, 돔 빙하, 서스캐처원 빙하, 섯필드 빙하, 콜롬비아 빙하, 캐슬커드 빙하로 연결되어 있다.

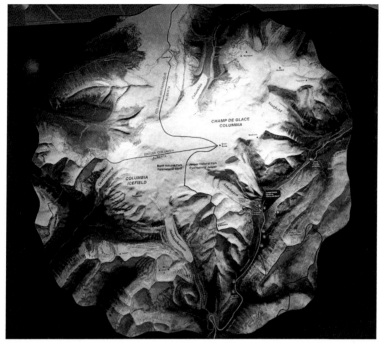

하늘에서 바라본 콜롬비아 아이스필드와 애서배스카 빙하(출처 : 콜롬비아 아이스필드 디스커버리센터)

려했습니다.

지구온난화는 화석연료 사용으로 이산화탄소 배출량이 증가하면서 일어난 현상으로 2019년 지구 평균온도는 1880년 대비 1.3℃ 상승한 것으로 파악되며, 21세기 말에는 2.7℃ 상승할 것으로 예상됩니다. 지구온난화는 온난화 자체만으로 끝나는 것이 아니라 기후 변화, 해수면 상승, 환경 변화, 서식환경 변화, 생태계 변화로 이어져 이에 적응하지 못하는 인류에 재앙을 불러오기 때문에 걱정스럽습니다.

콜롬비아 빙하를 보기 위해 밴프에서 출발하여 세상에서 가장 아름다운 드라이브 길이라는 아이스필드 파크웨이를 따라 3시간 동안

콜롬비아 아이스필드에서 흘러내리는 애서배스카 빙하

애서배스카산(3,491m)

안드로메다산(3,450m)

스노우돔산(3,456m)

키체너산(3,509m)

신들의 땅 로키

차로 달려왔습니다. 그리고 애서배스카 계곡에 차를 세워 놓고 3일 동안 콜롬비아 빙하탐방소를 오가며 시청각 자료와 구글 정보를 통해서 로키가 국립공원으로 지정된 배경과 빙하 형성 과정을 살펴보았습니다.

다음 날 오후 동행한 최은 사장, 정찬구 박사와 빙하 탐험을 위해 특별 제작된 설상차 '아이스 익스플로러'를 타고 빙하 탐험에 나섰습니다. 빙하는 따뜻해진 기후와 햇살의 따가움을 이기지 못해 속절없이 녹아내리고, 이곳저곳에서 빙하수를 끊임없이 토해내고 있었습니다. 빙하돔까지 얼음으로 연결된 거대한 아이스필드 곳곳에는 크레바스가 입을 벌리고 있고, 깊이를 가늠할 수 없는 빙하 밑바닥에서 졸졸졸 빙하수 흐르는 소리가 들려왔습니다.

얼음 지반이 연약한 관계로 계곡 중간까지만 운행하는 설상차에서 내린 우리는 관광객들에게 허용된 탐방 한계 구역까지 올라가서, 수만 년 인고의 세월 얼음 속에 잠자고 있던 빙하 속살을 녹이고, 지구 나이테를 머금고 있음 직한 빙하 숨결에 귀를 기울였습니다. 그리고 차가운 빙하수를 두 손에 담아 벌컥벌컥 들이켰습니다.

태고의 냉기를 가득 머금은 빙하수가 가슴 속까지 시리게 해 주는 순간, 우리는 창조 섭리와 자연이 선사하는 복된 음료에 감탄하지 않을 수 없었습니다.

빙하 동산에서 눈을 들어 동쪽 왼편으로 하늘을 찌를 듯 높이 솟아오른 애서배스카산과 안드로메다산을 바라보았습니다. 눈부시도록 파란 하늘 아래 흰 눈을 가득 뒤집어쓴 바위산은 보는 이의 마음을 감동시키기에 충분할 만큼 위용스럽습니다. 이곳에서 눈에 보이는 가장 높은 저 산은 어쩌면 알래스카와 북아메리카의 차갑고 거친 산야

애서배스카 빙하가 녹아 골짜기를 이루며 흐르는 폭포　　빙하가 녹아 흐르는 빙하수

1844년 촬영된 빙하 모습　　빙하 탐험 버스 설상차 브루스터 아이스 익스플로러

빙하 탐방 1　　빙하 탐방 2

애서배스카 빙하에서 젊음을 과시하는 청년

Glacier Sky Walk

를 달리며 맹위를 떨쳤던 이 땅의 원주인이었던 애서배스카인들의 용맹스러웠던 민족정기를 닮은 것 같습니다.

알래스카에 '그레이트 원Great One'이라 불리는 산이 있습니다. 데날리산[10]입니다. 북미에서 가장 높은 이 산은 타나나 밸리 산림공원을 지나 북아메리카 빙산氷山 고봉군高峰群을 이루며 유콘 준주와 BC주, 미국 워싱턴주까지 캐스케이드산맥을 따라 이어집니다. 1980년과 2000년 화산 폭발로 유명해진 헬렌산이나 근처의 레이니어산과 베이커산도 이 고봉군高峰群 영역에 속합니다.[11]

데날리에서 발원한 또 다른 고봉군은 나한니 국립공원을 거쳐 북 로키산으로 뻗어 로키산맥을 따라 미국으로 이어지는데, 데날리의 거칠고 역동적인 산세 영향을 받은 탓인지, 콜롬비아 빙하는 데날리와 케나이반도의 케나이 빙하 외관을 닮았다는 생각도 듭니다.

우리가 백두산을 민족정기가 흐르는 명산이라고 자랑하듯이, 미국인들도 북미 최고봉 데날리를 매우 신비로운 산이라고 자랑합니다. 이 데날리산을 등정한 세계 산악 강국은 미국, 영국, 독일, 스위스에 이어 한국이 꼽힙니다. 한국이 다섯 번째 강국이라는 뜻이지요. 데날리 국립공원 입구 안내판에 선명하게 적혀 있는 그 기록을 본 순간, 우리나라가 산악 강국이라는 자부심에 힘이 불끈 솟았습니다.

---

10 앵커리지에서 북서쪽으로 210㎞ 떨어져 있는 코르딜레라산계의 북쪽 끝에 있는 북아메리카 대륙의 최고봉. 6,194m 높이의 웅장한 봉우리, 위쪽 2/3는 길이가 48㎞를 넘는 만년설과 빙하로 덮여 있으며, 2015년까지 매킨리산이라고 불리다가 데날리산으로 공식 명칭이 변경되었다.

11 헬렌산(2,550m), 레이니어산(4,394m), 베이커산(3,276m).

신들의 땅 로키

애서배스카산은 높이가 3,491m나 되지만 로키가 워낙 고지대에 놓여 있기에 지반에서부터 솟은 실제 산 높이는 1,500m에 불과합니다. 가파르기는 해도 아마추어 산악인들도 산행 전에 충분히 훈련을 받고 장비만 갖춘다면 하루면 너끈히 등정할 수 있어 보입니다. 기록에 의하면 한스 슈와츠Hans Schwarz라는 젊은이는 새벽 5시에 안드로메다산 등정을 시작하여 오전 8시에 정상에 발을 디뎌 최단 시간에 정상에 올랐다고 합니다.

눈에 보이는 애서배스카 빙하나 빙하 주변 산에는 나무 한 그루 풀 한 포기 자라지 않습니다. 주변이 모두 해발 3,400m 이상 고산인 데다 온통 바위산이고, 빙하가 침식되어 노출된 바위도 빙하 해빙과 함께 잘게 부수어져 돌무더기만 높게 쌓여 있기 때문입니다.

스노우돔산은 보기에는 낮아 보여도 실제로는 3,456m로 상당히 높고, 눈과 얼음으로 뒤덮인 빙하 지붕입니다. 빙벽 오른쪽으로 보이는 이 산을 돈 포레스트Don Forest는 다른 사람들이 은퇴를 고려할 나이에 올랐다고 합니다. 그러함에도 그는 캐나다인으로서 3,300m 이상 로키 모든 봉우리 정상에 오른 최초의 산악인으로 존경받고 있습니다.

그는 평생 자신이 좋아하는 일을 하면서 산을 등정했습니다. 그러고는 83세에 가족과 함께 스키를 즐기다가, 평소 자신의 오랜 친구라고 생각해온 산을 바라보면서 하늘나라로 갔습니다. 돈 포레스트는 자신이 설정한 한계 이외에는 그 어떤 한계나 구속도 인정하지 않았고, 자신이 진정 하고 싶어 하는 일을 하면서 자유로운 삶을 추구했던 영혼이 자유로운 산악인이었습니다.

문득 사무엘 울만Samuel Ullman의 시 '청춘'이 떠올랐습니다.

청춘

Samuel Ullman

청춘은
인생의 어떤 시절이 아니라
마음 상태이나니

그것은
장밋빛 볼
붉은 입술
관절의 유연함 같은 문제가 아니라

의지와
상상력
감정적 활력의 문제일세

청춘이란
샘 깊은 인생의 신선함이나니
그것은
소심한 욕망을 넘어서는 용기

타고난 우월감

안이함을 뛰어넘는 모험이라네

청춘은 때때로

이십 세 청년보다

육십 노인 속에 존재하나니

단지 연령이 많고 적음으로 늙었다고 말할 수 없네

우리는 황폐해진 우리의 이상으로 말미암아

늙는 것일세

세월은 피부를 주름지게 하지만

열정의 상실은

영혼을 주름지게 하네

고뇌

공포

자기 불신은

마음을 침몰시키고

영혼을 흙속으로 돌아가게 하네

육십이든

열여섯이든

인간의 마음속에

경이에 대한 매력

무엇인가를 향한 끊임없는 욕망

삶 속에 환희가 존재한다면

희망

희열

용기와

힘의 메시지를 갖는 한

그대 젊음은 오래 지속되리

관심과 열정과 호기심이 사라지고

그대 영혼이

냉소의 눈과 비관의 얼음으로 덮인다면

이십일지라도 늙은 것일세.

그러나

모든 일에 깊은 애정과 관심을 갖고

낙관의 물결에 동승한다면

그대 팔십일지라도

청춘으로 살 수 있으리

나는 자문합니다. 21세기 신자유주의를 살아가는 우리에게 청춘은 무엇이고, 자유로운 영혼으로 산다는 것이 과연 무엇인가를…. 그리고 소망합니다. 나도 죽을 때까지 관심과 열정과 호기심의 안테나를 높이

세우고, 나에게 맡겨진 소임을 다하며, 나 자신이 믿는 올곧고 바른 가
치에 따라 그 어떤 제약으로부터 자유롭게 살다가 하늘로 가기를…

애서배스카 빙하를 떠나면서 이곳에서 보고 듣고 체험했던
행복한 경험을 추억의 보물 상자 속에 소중히 담습니다. 그리고 경이로
운 자연과 창조주 하나님의 위대한 섭리에 감사합니다. 우리가 향유하
는 이 축복은 우리들만의 것이 아니라 지구촌 모든 가족과 앞으로 태어
날 후손들에게도 복되고 아름답게 이어지기를 소망하는 마음으로.

06

천국의 정원
- 파라다이스 밸리

파라다이스 밸리에서 본 그랑센티널

파라다이스 밸리 개관

파라다이스 밸리는 레이크 루이스와 모레인 레이크 사이 험산 협곡에 있는 길이 12㎞의 계곡입니다. 높은 산과 빙벽 사이에 있는 이 계곡은 3년 전까지만 해도 눈사태가 자주 발생하여 출입이 통제될 만큼 산이 높고 골이 깊습니다. 또 협곡을 지나는 계곡에는 야생 베리가 많아, 베리가 익는 6월~8월 사이에는 베리를 취식하려는 곰 때문에 출입이 통제되는 비경 계곡입니다.

지금도 6월부터 8월 사이 베리가 익는 계절이면 모레인 레이크 진입로 주변 10㎞의 트레일 루트에는 곰의 빈번한 출몰로 산악레인저가 총을 들고 경계를 서곤 합니다.

파라다이스 밸리로 접근하는 방법에는 세 가지 루트가 있습니다. 가장 수월한 방법은 모레인 레이크 도로를 따라 모레인 호수 방향으로 가다가 파라다이스 밸리 입구에 차를 주차하고, 주차장에서 출발하여 세올산 계곡과 아네트 호수를 지나 가파르고 긴 계곡을 따라 올라가 자이언트 스텝을 거쳐 말편자 목초지와 파라다이스 밸리 캠프그라운드를 경유하여 그랑 센티널 바위까지 갔다가 되돌아 나오는 왕복 26㎞의 단순한 코스입니다. 자이언트 스텝 뒷산이 미터산이고 그 옆에 빅토리아산과 후버산 같은 험산이 가로막고 있으며, 빅토리아산 너머에는 오하라 호수와 맥아더 호수가 비밀의 장막 속에 은둔해 있습니다.

다른 하나는 모레인 레이크에서 라치밸리 트레일을 따라 올라가 로키파일 10 봉우리를 바라본 후, 센티널 패스 언덕을 넘어가서 그랑 센티널 바위 험준한 계곡을 통과하고 말편자 목초지와 파라다이스 밸리 캠프그

파라다이스밸리 주변 산세(왼쪽_모레인레이크, 오른쪽_레이크 루이스)

라운드를 경유하여 밸리 계곡을 따라 내려오는 27㎞의 트레일입니다.

또 다른 코스는 레이크 루이스에서 출발하여 페어뷰산에 올라 로키 전경을 둘러본 후, 새들백 패스를 지나 세을산 협곡을 따라 골짜기 아래로 내려간 다음 파라다이스 밸리 합류점에서 계곡을 따라 올라가 그랑 센티널을 통과한 다음 센티널 패스 트레일 언덕에 올라가서 라치밸리와 10개의 빙하산과 계곡을 바라본 후, 왔던 길로 되돌아오는 왕복 33㎞에 달하는, 모험과 스릴로 넘쳐나는 비경 루트입니다.

세 코스 모두 하루 거리로 다녀오기에는 다소 멀고 험하며, 모험과 스릴과 긴장이 곳곳에 도사리고 있습니다. 아내와 나는 레이크 루이스에 머무르는 세 달 동안 행복하게도 이 세 코스를 모두 탐사하는 복을 누렸습니다. 그 가운데 레이크 루이스 출발 비경 루트가 가장 인상 깊었습니다. 세상의 모든 모험은 강도가 높을수록 도전의식이 고

취되고, 스릴이 넘칠수록 성취 열매가 달콤하지요. "No Adventure, No Profit!" 그래서 어드벤처가 매력을 끄나 봅니다.

로키는 산이 높고 골이 깊으며 일기 변화가 매우 심합니다. 하루에도 수십 차례씩 맑은 하늘에 안개와 비구름이 교차하고, 고산 정상에는 시도 때도 없이 눈발이 날리는 경우가 많습니다.

레이크 루이스 근처에는 20개의 트레일[12]이 있어서 세계 각지에서 등산 마니아나 트레커들이 즐겨 찾아옵니다. 특히 레이크 루이스 인근에는 암벽등반 전문가가 즐겨 찾는 매력적인 코스가 산재해 있습니다. 한나절 가볍게 소풍하는 기분으로 다녀올 수 있는 코스가 있는가 하면, 전문 산악 장비를 갖추고 일주일 이상 산행하며 바위를 타고 빙벽을 오르내리는 험준한 코스까지 다양한 루트가 있어, 세계 산악인들이 꼭 도전해 보고 싶어 하는 곳입니다.

깊은 산 숲속에는 곰, 살쾡이, 산 사자, 늑대, 퓨마, 사슴, 엘크, 들소가 서식하기에 산길을 트레킹하려면 스틱은 물론 곰 퇴치 스프레이와 휘슬을 필히 지참해야 합니다. 방수·방풍 의류는 물론 식수와 비상식

---

12 트레일Trail: 숲이나 들에 길게 나 있는 작은 길.
　　가. Lake Louise 주변 트레일: Lake Shore Trail(왕복 4㎞), Saddleback Pass(왕복 7.4㎞), Fairview Outlook Trail(왕복 16㎞), Mirror Lake Trail(왕복 7.2㎞), Lake Agnes Trail(왕복 8㎞), Beehive Trail(왕복 8.2㎞), Big Beehive Trail(왕복 9.2㎞), Plain of 6 Glaciers Trail(왕복 13.2㎞), Plain of 6 Glaciers Tea House(왕복 16㎞).
　　나. 모레인 레이크 주변: Consolation Lakes Trail(왕복 6㎞), Eiffel Lake Trail(왕복 11.4㎞), Larch Valley Trail(왕복 9.4㎞), Pinnacle Mountain Trail(왕복 18㎞), Wenkchemna Pass Trail(왕복 20㎞), Moraine Lakeshore Trail(왕복 4㎞), Sentinel Pass Trail(왕복 16.2㎞), Eiffel Lakes Trail(왕복 12㎞), Paradise Valley Trail(왕복 27㎞), Taylor Lake Trail(편도 13㎞).

량도 준비해야 하고, 라이터·플래시 등 준비물도 꼼꼼히 챙겨야 하며, 응급 시에 연락할 수 있는 전화번호도 알아두는 등 만일의 경우에 대비하는 것이 산행의 기본 수칙입니다.

경사가 급하고 높은 산을 오르내릴 때는 발목과 무릎이 혹사당할 수밖에 없습니다. 지난 30여 일 동안 하루도 거르지 않고 산을 오르내린 덕분에 다리 근육도 탄탄해지고 지구력도 향상되었습니다. 하지만, 그만큼 피로가 누적된 것도 사실입니다. 다음 날 왕복 33㎞의 파라다이스 밸리에 도전하기 위해서는 휴식이 필요했습니다. 그래서 밴프온천에 들러 밤 10시까지 따뜻한 물에 몸을 푹 담그고 지친 몸을 달래며 파라다이스 밸리 도전에 대비했습니다.

파라다이스 밸리 트레일 트레킹

다음 날 새벽 5시부터 산행 준비를 하고 6시에 레이크 루이스 주차장에 당도했습니다. 새벽부터 이곳에 온 사람들은 단순히 호수만을 보기 위해 왔다기보다는 암벽등반이나 장거리 트레킹을 하려고 온 경우가 대부분입니다. 주차장은 나보다 먼저 도착한 사람들로 벌써 절반쯤 차 있었습니다. 먼저 와서 이미 산을 향해 떠난 팀들도 있었고, 산행 장비를 꺼내 놓고 눈을 반짝이며 장비를 점검하거나 빵과 커피로 간단하게 식사하는 팀도 있었습니다.

여름일지라도 새벽의 로키는 춥습니다. 때로는 2~3도까지 기온이 내려가 오리털 파카나 겨울옷을 꺼내 입어야 할 만큼 쌀쌀한 날씨임에도 이곳을 찾는 사람들은 반바지 차림인 경우가 많습니다. 추위에 익숙한 탓인지 아니면 자신의 인내를 시험해 보고자 하는지 알 수는 없지만, 그리 추워하지 않는 것을 보면 태생적으로 우리와는 다른 체질을 타고났나 봅니다. 탐방객 중에는 배낭과 자일을 어깨에 멘 여성 탐방객들도 간간이 눈에 뜨입니다.

3년 전 산티아고 순례길을 종주한 적이 있습니다. 프랑스 남서부 마을 생장 피데포르를 출발하여 스페인의 산티아고 데 콤포스텔라를 거쳐 바닷가 땅끝 마을 피스테라까지 순례길 1,000㎞를 50일간 도보로 완주했습니다. 그 길은 아름답지만 고행을 통한 깨달음의 길이기도 하지요.

순례길을 걸으면서 무엇을 위해 어떻게 사는 것이 인간답게 사는 것인지에 대한 인문학의 기본적 질문을 던지며 삶과 인생에 대해, 그리고 인간의 끝없는 욕망과 갈등과 고뇌에 대해 진지하게 생각했습니다. 그리고 지나온 삶을 되돌아 보며 미래에 맞게 될 삶의 목표와 방향을 재정립하는 기회를 가졌습니다.

놀라운 사실은 산티아고 순례길을 걷는 사람의 2/3는 젊은 여성이라는 점입니다. 특히 산티아고를 지나 피스테라까지 걸어가는 길 200㎞ 구간의 순례객 중 3/4은 여성이었습니다. '20세기까지는 남성이 세계 질서를 주도했지만, 21세기는 여성이 리드하는 시대가 될 것'이라는 미래학자들의 예측은 이제 현실 속으로 성큼 다가선 것 같습니다. 한국 낭자군단이 골프, 양궁, 체조, 빙상 경기에서 세계를 석권했고, 여성 시장, 여성 국회의원, 여성 장관에 이어, 불행했지만 여성 대통령까지 배출된 것을 보면 충분히 예상되는 일이기도 합니다.

페어뷰산 트레일 　　　　　　　　　파라다이스 밸리 트레일

페어뷰산에서 바라본 레이크 루이스 빌리지와 화이트혼산 스키리조트

　　　　　　　　　　　　　　　　　신들의 땅 로키

로키에서도 트레킹을 하거나 산 정상에 오르는 사람의 2/3가 여성입니다. 여성의 목적동기나 성취동기가 남성보다 훨씬 강하다는 반증입니다. 차가운 날씨에도 젊은 여성이 허벅지 위로 올라오는 짧은 반바지를 입고 트레킹에 나서는 것을 보면 그들의 우수한 체력을 인정하지 않을 수 없습니다. 트레킹에 참여한 여성의 체력은 우리나라 여성과는 비교가 되지 않을 만큼 강인합니다.

대학에 재직하고 있는 동안 나는 강의실과 도서관에서 여학생이 맥없이 쓰러져 응급실로 실려 가는 경우를 수없이 목격했습니다. 못 먹어서가 아닙니다. 영양실조 때문입니다. 가냘픈 몸매 선호에서 오는 극심한 다이어트와 운동 부족 때문입니다.

통계가 이를 입증합니다. 2019년 세계 142개국 여성의 운동지수를 조사한 결과, 한국이 최하위였습니다. 그 사실은 처참하기까지 합니다. 건강한 육체에서 건전한 정신이 솟아 나옵니다. 북미나 유럽 젊은 여성의 튼실한 다리를 보면 "국력은 머리에서가 아니라 튼튼한 허벅지에서 나온다."는 말이 사실이라며 조소하기도 합니다.

레이크 루이스에서 새들 포인트 트레일을 따라 숲속으로 난 길을 한 시간 반 가까이 오르자 페어뷰산 정상으로 오르는 길과 파라다이스 밸리로 가는 새들 포인트 패스 갈림길을 만나게 됩니다. 아무리 바빠도 이곳까지 와서 로키 전경을 볼 수 있는 페어뷰산 전망대는 아니 오를 수 없습니다.

페어뷰산 정상까지 오르는 바위산은 인내력을 시험하는 길 같습니다. 경사 60도 가까이 되는 산을 오르는데, 심장은 터질 듯 방망이질하

페어뷰산 정상(3,070m)

페어뷰산에서 보이는 하도 피크와 빅토리아산(3,464m)

하도 피크(3,070m)와 에버딘산(3.151m)

페어뷰산 정상에 서식하는 산 다람쥐

요호 국립공원 방향

파라다이스 밸리 진입로-세을산(2,779m)과
템플산(3,543m) 사이 계곡

신들의 땅 로키

고 발걸음은 한 발짝도 더 이상 앞으로 내딛기 힘들었습니다.

오르고 올라도 끝이 보이지 않는 길을 오르다가 몇 번인가 포기할까 망설였지만, 이렇게 지치고 힘들 때 나는 양사언의 시조 '태산'을 즐겨 암송합니다. 시조를 흥얼거리며 한 시간 반 가까이 앞만 보며 오르니 시야가 확 트이며 하도 피크와 애버딘산, 빅토리아산, 요호 국립공원이 한눈에 보였습니다. 로키 전경이 보이는 정상입니다.

정상은 땀 흘리고 인내하며 힘든 발걸음을 내디딘 사람에게만 보여주는 감격을 선물로 보상해줍니다. 멀리 밴프 시내부터 레이크 루이스 빌리지를 지나 요호 국립공원, 재스퍼까지 로키 전경이 한눈에 내려다보였습니다.

파라다이스 밸리를 가로막고 있는 세을산과 자이언트 스텝의 가파른 빙벽이 하늘 높이 치솟아 있고, 눈 덮인 빅토리아산과 후버산의 거대한 빙벽이 바로 손에 잡힐 듯합니다. 서너 평 남짓한 바위 정상에는 "북쪽 바위벽에 몸을 기대지 말라."라는 경고판이 있고, 사방이 뻥 뚫린 가운데 천하 절경이 눈 아래 펼쳐져 있습니다. 바로 아래로는 천길만길 낭떠러지 절벽이고, 레이크 루이스가 산 아래 아늑히 먼 계곡에서 연한 청록색 빛을 발하고 있습니다.

저명한 조각가에게 요술방망이와 정을 쥐어 주고 작품을 만들라 하더라도 이보다 더 정교하게 조각할 수는 없을 것입니다. 나는 이 절경을 둘러보면서 창조주의 위대한 섭리에 머리 숙여 경의를 표하지 않을 수 없습니다. 동편 계곡 아래로 비단이 물결치듯 하얀 물줄기가 흘러내립니다. 파라다이스 계곡에서 흘러내려 오는 물줄기입니다. 마치 마법의 성에서 풀려 나오는 은색 실타래 같습니다.

로키에는 험산과 아름다운 계곡이 이곳 말고도 수없이 많지만, 페어뷰산 정상에 올랐을 때 펼쳐지는 로키의 도도하고도 눈부신 모습은 그 어떤 산이나 계곡에서도 볼 수 없는 비경입니다.

에버딘산과 템플산 사이 깊은 협곡을 따라 항거비산까지 길게 이어지는 깊이를 가늠할 수 없는 파라다이스 밸리, 하도 피크, 후버산, 빅토리아산에서 뿜어내는 빙산의 푸른 광채는 가슴을 뛰게 할 만한 기운이 서려 있습니다. 게다가 센티널 패스에서 에펠 피크로 이어지는 수십억 년 지구 비밀을 품고 있는 신비로운 자태는 호흡을 멎게 할 만큼 아름다워 파라다이스 밸리 계곡을 탐사하지 않고는 견딜 수 없게 유혹합니다.

파라다이스 밸리 계곡을 하루에 다녀오기 위해서는 길을 서둘러야 합니다. 페어뷰산에서 내려온 길은 다시 자이언트 스텝 바위벽 아래 험로로 이어집니다. 입구에 '이 지역은 곰 서식지이니 이 길을 지날 때는 반드시 4인 이상이 함께 지나가야 한다'는 경고문이 적혀 있습니다. '이

파라다이스 밸리에서 곰에 대비하여 반드시 4인 이상 동행하라는 경고성 안내문

를 어길 시 법에 따라 벌금 5,000달러를 부과한다'고 합니다.

단순한 엄포가 아닙니다. 위험지역이니 여러 사람이 모여 함께 통행하라는 각별한 주의 사항입니다. 지난여름 존스톤 캐니언에서 규정을 위반한 트레커에게 공원관리공단 측이 이만오천 달러의 벌금을 부과한 경우도 있었습니다.

30여 분 가까이 동행할 사람을 기다리며 서 있었습니다. 하지만, 아무도 파라다이스 밸리로 가고자 이 길을 지나는 사람은 없었습니다. 코스가 길고 힘들 뿐만 아니라 위험해서일 것입니다. 하는 수 없이 아내와 둘이서 모험을 감행키로 했습니다.

트레일은 끝이 보이지 않을 만큼 골짜기 아래 협로로 깊고도 길게 이어졌습니다. 길 아닌 길 위에 여기저기 눈사태로 쓰러지고, 부러지고, 쪼개져 흘러내린 나무들이 어지럽게 쌓여 있어 이 길이 험로임을 예견하게 해 주었습니다. 이곳은 눈사태가 잦은 지역이라는 입간판도 곳곳에 세워져 있습니다. 초가을부터 늦은 봄까지 눈이 많이 내리고, 내린 눈은 1년 내내 쌓여 있기 때문입니다.

높고 급한 경사면에 쌓여 있던 눈이 그 무게를 감당하지 못하고 "우르릉 쾅" 소리를 내며 쏟아져 내리면, 그곳에 서 있던 나무나 바위까지도 휩쓸려 떠밀려 와 한순간에 전쟁을 치른 것처럼 폐허로 변합니다. 하늘 높이 솟은 아름드리 거목들조차도 뿌리째 뽑혀 널브러져 있는 것을 보면 눈사태의 파괴력이 얼마나 엄청난지 짐작조차 할 수 없습니다. 거기에는 예고도 피할 방법도 없어 보입니다. 단지 피할 길이 있다면 위험지역에 접근하지 않는 것일 뿐.

알래스카 골드러시 광풍이 극에 달했던 1897년 3월 알래스카 칠쿳

눈사태가 휩쓸고 지나간 새들산과 셰을산 계곡

새들백 트레일과 파라다이스 밸리 합류점

신들의 땅 로키

트레일 계곡에서 금을 찾아가던 100여 명의 스템피더[13]가 순식간에 흘러내린 눈사태로 매몰되어 집단으로 사망하는 참사가 일어났습니다. 칠쿳 트레일은 알래스카 혹독한 추위와 가혹한 환경을 모르는 겁 없는 미국인들이 일확천금의 꿈을 품고 용기 팽배하여 스케그웨이에서부터 유콘 클론다이크까지 무모하게 등짐을 지고 트레킹에 나섰다가 추위와 질병과 굶주림으로 집단 사망했던 가슴 아픈 역사를 지닌 골드러쉬 트레일 시발점입니다.

자이언트 스텝 바위벽 아래 험로를 따라 내려온 길은 계곡을 흐르는 맑은 물과 하늘이 보이지 않을 정도로 높게 솟은 삼나무와 가문비나무가 우거진 비경 속 파라다이스 밸리 트레일을 따라 이어집니다. 트레일 좌측으로 보이는 빙하를 뚫고 우뚝 솟은 템플산 산세가 무척 가파릅니다. 높이가 무려 3,543m로 근교에서 가장 높은 산입니다.

비경으로 이어지는 숲속 길은 안넷 호수를 지나고, 말편자 목초지를 거쳐 자이언트 스텝Giant Steps으로 이어지고, 또 다른 길은 센티널 패스를 건너 라치밸리와 모레인 레이크로 연결됩니다.

곰들이 실례해 놓은 배설물들이 트레킹하며 지나는 길 위에 자주 보입니다. 7월과 8월은 야생 베리 열매 수확 철이라서 곰들의 먹이 활동이 가장 왕성한 계절입니다. 신경을 곤두세우고 두리번거리지 않을 수 없습니다. 이 계곡 골짜기를 지나는 여섯 시간 내내 나는 두 귀를 쫑긋 세우고 곰 퇴치용 방울을 매단 스틱을 양손에 꽉 움켜잡고 땅바

---

13 스템피더(Stampeder): 1897년 알래스카 골드러시 당시에 황금을 찾아 일확천금할 꿈에 부푼 광부들과 그들의 업무를 지원하기 위해 온 짐꾼, 식당이나 주점 주인, 서비스업체 종업원, 양복점, 이발사, 노름꾼, 총잡이, 연예인 등 이 대열에 합류한 모든 사람을 총칭하는 용어.

곰이 즐겨먹는 수확철의 야생 베리

코를 끙끙거리며 언덕을 어슬렁거리는 곰

신들의 땅 로키

닥을 '쾅쾅' 소리가 나도록 찍으며, 길에서 갑자기 곰이나 산짐승과 마주칠 경우에 대비했습니다.

조심스럽게 두리번거리며 계곡 골짜기를 올라가던 중 멀리 나무숲 사이로 검은 곰 한 마리가 보였습니다. 30m 전방 언덕 위에서 코를 땅에 박고 무엇인가 먹잇감을 찾는지 킁킁거리고 있었습니다. 공원관리공단의 주의 사항에 따르면 곰과 최소 100보 이상 떨어져 있으라고 합니다. 그런데 맙소사! 우리는 이미 곰과 너무 가까이에 있었습니다. 두 다리가 얼어붙은 듯 멈추어 섰습니다. 숨죽이고 미동도 하지 않은 채 기다렸습니다. 다행히 곰은 우리의 존재를 의식하지 못했는지 땅을 파며 뒤지다가 잠시 후 숲속으로 사라졌습니다.

곰은 잡식성입니다. 초식과 육식을 가리는 편은 아니지만 배고픈 곰은 자신보다도 몸집이 3배나 큰 무스도 잡아먹습니다. 특히 동면기가 끝나고 봄철에 나온 배고픈 곰은 무엇이든 움직이는 것은 잡아먹으려 하지요.

곰은 또한 도망치는 물체를 추적하는 습성이 있습니다. 산행하다가 길에서 갑자기 곰과 마주칠 경우 절대 뛰거나 뒤돌아 도망가서는 안 됩니다. 죽은 척 누워 있는 것은 더더욱 안 됩니다. 하늘이 내려 주는 공짜 선물로 생각하기 때문입니다.

곰이 미련하고 둔하다고요? 천만의 말씀입니다. 곰은 무척 영리하고 민첩합니다. 기억력이 뛰어나고 나무에도 잘 오르며, 수영하는 재주까지 겸비했습니다. 청력이 사람보다 1,000배 가까이 뛰어나며, 먹잇감을 추적할 때는 시속 50㎞의 속도로 달립니다. 눈앞에서 5m 높이의 나무를 한 걸음에 뛰어넘으며, 10m 거리를 단 두 걸음에 건너뛰는 것을 본

템플산(3,545m)

Lake Annette

신들의 땅 로키

적도 있습니다.

로키에는 검은 곰이 많이 서식하지만, 갈색 곰도 심심치 않게 보입니다. 갈색 곰 그리즐리는 매우 사납고 공격적입니다. 가끔씩 공원탐방센터에서 박제·전시된 곰의 육중한 체구나 억세고 날카로운 발톱을 볼 때마다 산에서 그런 곰과 마주칠 경우 총기류 없이 곰을 상대한다는 것이 얼마나 무모할지 생각만 해도 끔찍스럽습니다.

등산용 스틱이 산행 중 곰과 마주쳤을 때 얼마나 위력을 발휘할지는 의심스럽지만, 그래도 검도 수련으로 다져 온 몸이니 하고 자신을 향해 용기를 주문하곤 합니다. 그리고 인적이 드문 깊은 산에서 트레킹을 할 때는 나의 존재를 미리 알리고 곰과의 조우를 피하기 위해 내가 알고 있는 모든 노래를 목청껏 소리 높여 부릅니다.

그런데 파라다이스 밸리는 곰들이 살기에는 너무 평온한 천국입니다. 하늘을 찌를 듯 높이 솟은 나무며, 기하학적으로 솟아오르고 침식되기도 하여 기묘한 형상을 한 바위며, 나무에서 품어져 나오는 숲 냄새 가득한 맑은 공기며, 은은한 향기를 내뿜는 야생화며, 에메랄드 빛 호수며, 숲속 여기저기에 열린 탐스러운 베리며, 맑은 시냇물 흐르는 계곡에 이르기까지….

아! 하나님은 어찌 이리도 아름다운 계곡을 인간들의 발길이 도달하기 어려운 곰들의 숲속에 숨겨 두셨는지 그 뜻을 아무리 생각해도 헤아리기 어렵습니다. 아마도 이 계곡은 인간을 위한 계곡이 아닌가 봅니다. 그래서 이름도 파라다이스 밸리인 것 같습니다.

파라다이스 밸리가 끝나는 헝가비산(3,492m)과 레프로이산(3,423m) 아래에는 글래시어 피크에서 녹아 흘러 온 말발굽 빙하 호수가 있고, 자이언트 폭포 아래에 파라다이스 밸리 캠프그라운드가 보입니다. 빅토리아산에 올랐을 때 죽음의 계곡처럼 보였던 레프로이산과 푸른빛이 감돌았던 애보트 빙하 계곡이 바로 이 캠프그라운드 너머에 있다면, 눈 앞에 보이는 헝가비산과 글래시어 피크 너머에는 애보트 패스 피난처 오두막이 있고, 전설처럼 들었던 맥아더 호수와 오하라 호수가 은둔해 있는 곳이란 말인가요!

캠프그라운드 숲속에는 이름 모를 꽃들이 평원을 가득 메우고 있고, 텐트 한 개만이 덩그러니 세워져 있습니다. 텐트 안이나 주변에 캠핑하는 캠퍼가 보이지 않는 것으로 보아 텐트 주인도 트레킹 중

파라다이스 밸리 캠프그라운드 진입로

캠프그라운드

캠프그라운드 음식물 보관함

파라다이스 밸리 캠프그라운드의 야생화

신들의 땅 로키

인가 봅니다. 날씨가 차가웠습니다. 돌무더기 위에 걸터앉아 먼저 왔던 캠퍼가 남겨 놓은 장작에 불을 지폈습니다. 장작불의 따뜻한 온기가 전신을 어루만지는 듯 부드럽고 감미롭게 밀려왔습니다.

아무도 없는 캠프그라운드 숲속에는 고요와 적막만이 감돌았습니다. 캠프그라운드 한편에 음식물 보관용 캐비닛이 덩그렇게 놓여 있습니다. 곰이 접근하거나 꺼내 먹는 것을 막기 위해 설치해 놓은 철제 보관함입니다.

산에서 캠핑할 때 텐트 안에 음식물을 보관해서는 절대로 안 됩니다. 음식물을 텐트 안에서 조리하거나 불에 구워 냄새를 피워서도 안 됩니

Wastach Pass Trail 가는 길

레프로이산(3,423m)

그랑 센티널과 피너클산(3,070m)

보우강으로 흘러가는 파라다이스 밸리 계류

다. 곰이나 산짐승의 공격 목표가 되기 때문입니다. 이들 산짐승이 동화에서처럼 예의를 갖추고 점잖게 접근할 것이라고 생각하면 절대 오산입니다.

눈을 들어 온몸으로 심호흡하면서 빅토리아산, 레프로이산, 헝가비산, 와스타치산, 에펠 피크, 피너클산, 센티널 패스, 템플산으로 이어지는 바위산 능선을 따라 파라다이스 밸리 주변을 원을 그리며 둘러보았습니다. 수십억 년 지구 비밀을 바위 속 나이테에 묻어 두었음 직한 계곡과 우뚝 솟은 저 바위산들도 한때는 태평양 심해저에 있었다는 사실을 상기하면, 지구과학의 이치는 생각할수록 오묘합니다.

에펠산 능선을 지나가는 트레일은 센티널 패스 언덕을 넘어 라치밸리로 가는 또 다른 트레일로 이어지고, 그 길을 지나는 길에 서 있는 그랑 센티널 바위는 신이 조각하고 다듬어 지상에 세운 기념비처럼 신기한 형상입니다. 20억 년 전 태평양 심해저 지각판이 아메리카 대륙판과 충돌하면서 그 거대한 힘을 이기지 못하고 바닷속에서 융기했다는 로키산맥과 이 계곡은 아무리 바라보아도 자연과학적 지식만으로 이해하기에는 너무나 신비롭습니다.

아, 감격입니다! 이 계곡과 계곡을 둘러싼 신비로운 산세는 천국에서 보내온 정원이란 말인가요! 그래서 파라다이스라고 불리게 되었는지도 모르겠습니다, 아니라면 신들이 지상에 머무르는 동안 즐기기 위해 조성해 놓은 실낙원失樂園인지도 모를 일입니다.

07

황제산 롭슨

롭슨산(3,954m)

버그 레이크

좌절

기회는 기다리는 사람에게 주어지는 하늘의 선물인가 봅니다. 롭슨에 도착한 이래 일주일 동안 계속 날씨가 흐리고 비까지 오락가락 내렸습니다. 롭슨산을 처음 본 이후 이 신비스러운 산을 트레킹하는 꿈을 이루는 데 20년이 걸렸습니다.

이번에 와서도 날씨가 맑아지기를 기다리며 롭슨과 재스퍼 근처를 일주일 동안 빙빙 돌았습니다. 서두른다고 되는 일은 별로 없지만, 오래 기다리면 해결 안 되는 일도 별로 없습니다. 오랜 기다림 끝에 드디어 맑은 날이 찾아왔습니다.

세계 자연유산에 등재된 롭슨산은 로키에서 가장 높은 봉우리입니다. 그랜드 캐니언과 함께 세계 최고 경관을 자랑하는 롭슨산은 높이가 3,954m로 우리나라 백두산보다도 약 1.5배나 높습니다. 지단에서 융기된 높이만 해도 2,829m로, 멀리서 바라보면 높은 봉우리 하나가 위풍당당하게 주변을 굽어보고 있는 듯 싶습니다.

롭슨은 로키에 속해 있지만 BC주 주립공원입니다. 재

롭슨산 약도

스퍼나 밴프가 모두 앨버타주에 속한 국립공원이지만, BC주와 앨버타주 경계에 있는 롭슨은 BC 행정권에 속해 있기 때문입니다.

일주일 전, 롭슨산 트레킹을 무리하게 시도했습니다. 롭슨산 탐방센

롭슨산 탐방센터와 롭슨 산

롭슨산 트레일 출발점

롭슨강

터에 들러 트레킹에 필요한 정보와 지도를 얻고, 탐방센터 직원에게 하루 일정으로 다녀올 수 있는 지름길이 있는지 물었습니다.

안내 직원은 트레일은 오로지 하나뿐이며, 왕복 42㎞의 산을 하루에 다녀오는 것은 무리이니, 최소 3일~4일 체류할 준비를 하고 떠나라고 조언했습니다.

롭슨산 탐방센터에서 키니 호수까지는 7㎞, 화이트혼 캠프그라운드는 11㎞. 버그 레이크는 21㎞ 떨어져 있습니다. 트레일 코스의 난이도를 눈으로 확인하며 지형을 익혔습니다. 키니 호수를 지나면 경사가 급격하게 가파르게 오르며 빙하 호수인 버그 레이크까지 21㎞를 오르는데 보통 하루에서 이틀이 소요된다고 하니, 돌아오는 시간까지 고려하면 최소한 3일~4일이 필요할 것 같았습니다.

선택 폭이 다양하면 우리는 최선의 결과를 얻기 위해 무엇을 선택할까 고민하게 됩니다. 하지만 롭슨산에 오르는 길은 버그 레이크 트레일이 유일합니다. 워낙 큰 산이고 다른 대안이 없습니다. 갔다 되돌아와야 할 구간과 시간만 확인하고 체력에 의지해야 할 뿐, 코스를 선택하거나 고민할 여지가 전혀 없습니다. 산에서 숙박하며 캠핑까지 할 준비가되어 있지 않기에 아내와 나는 다소 무리가 따르더라도 하루에 다녀올 작정이었습니다.

아침 9시, 신비스럽게 보이는 산이 절반쯤 안개에 가려 있는 것을 확인하고, 버그 호수 트레일 헤드를 출발했습니다. 아내와 나는 배낭에 최소한의 음식과 과일, 그리고 생수를 넣고 곰 스프레이와 등산용 스틱만 지참한 채 부푼 가슴을 안고 트레킹 길에 나섰습니다. 간밤에 비가 제법 내렸는지 움푹 파인 트레일 곳곳에 물이 고여 있었습니다. 키니 호수를 지나자 비가 오락가락 내리기 시작했지만, 산행을 중지할 만큼 우려할 만한 비는 아니었습니다.

모든 산이 다 그렇지만, 로키는 고지대로 올라갈수록 더 추워집니다. 산에서 비를 맞으면 체온이 더욱 떨어집니다. 산행 장비와 필수품을 철저히 준비하지 않고 동네 뒷산 오르는 기분으로 나섰다가 비를 만나거나 하산 길에 어두워지면 낭패입니다. 아침부터 비에 젖으면 하루 종일 젖은 옷을 입고 산행하는 불편함을 감수해야 합니다. 적은 비일지라도 우비를 꺼내 입었습니다.

트레일 헤드를 출발하여 4시간 만에 화이트혼 캠프그라운드까지 11㎞를 쉬지 않고 진군했습니다. 하늘은 점차 어두워지고 빗줄기도 점차로 굵어졌습니다. 긴급구호소가 있는 화이트혼 캠프그라운드 레인저 H.Q. 지붕 아래에 서서 비를 피했습니다. 하늘을 보니 비는 쉽게 그칠 것 같지 않아 보였습니다. 목적지까지 갈 것인지, 다음날을 기약하고 돌아설 것인지 결정해야만 했습니다.

화이트혼 캠프그라운드에는 먼저 도착한 캠퍼들의 텐트가 군데군데 보이고, 그 앞으로 버그 레이크와 화이트혼 빙하에서 녹아내린 빙하수가 큰 개울을 이루며 흘러내렸습니다. 목적지인 황제 폭포 캠프그라운드나 버그 레이크까지는 10㎞ 이상을 더 올라가야 한다는 안내팻말이 보였습니다. 이 구간부터는 경사가 무척 심해지니 주의하라는 경고문도 보였습니다. 빗길에 바위산 오르기는 쉽지 않습니다. 시계는 오후 1시를 가리키고 있었습니다. 돌아와야 할 시간과 거리를 감안하여 계산했습니다. 빨리 걸어도 앞으로 여덟 시간은 족히 더 걸릴 것 같았습니다.

햇빛이 사라지고 날씨마저 추운 날 내리는 비는 치명적입니다. 결단해야 했습니다. 처음 롭슨산 위용을 바라본 이래 언젠가 꼭 그 산을 오르리라 마음먹은 후 여기 오기까지 20년을 기다려 왔는데, 비 때문에 포기하고 내려가려니 발걸음이 차마 떨어지지 않았습니다.

임시대피소에서 피를 피하며 밤을 지새우는 방법도 고려해 보았습니다. 하지만, 아무런 보온 장비와 준비물, 비상식량도 없이 밤을 맞이할 수는 없었습니다. 또 일기예보도 믿기 어려운데, 내일 비가 그칠지 누가 알겠는가 싶었습니다. 돌아서기는 아쉽지만, 다음날을 기약하며 발걸음을 돌렸습니다.

그리고 우리는 일주일 동안 재스퍼 국립공원에 있는 말린 호수, 말린 캐니언, 미엣 온천, 미스타야 캐니언, 에디스 카벨, 피리미드 호수를 순회하며 날씨가 맑아지기를 기다렸습니다. 때로는 탐방센터에 들러 롭슨산 정보를 익히고 탐방센터에서 들려주는 영상물을 시청했습니다. 모든 일에는 양면성이 있습니다. 순기능이 있으면 역기능도 있습니다. 오래 기다리는 동안 우리는 재스퍼 국립공원과 롭슨산에 대해 자세히 알 수 있는 이해의 지평을 넓혔습니다.

다시 롭슨산 - 황제 폭포를 향하여

희망을 품고 기다리는 시간은 생각보다 지루하지 않습니다. 일주일을 기다린 끝에 구름 한 점 없는 맑은 날이 찾아왔습니다. 아침 8시, 탐방센터에 들러 롭슨산 일기를 재확인하고, 머릿속에 종기가 돋을 만큼 익힌 루트를 재점검하고, 배낭 무게를 최소한 가볍게 한 후 트레킹에 나섰습니다.

호시우행虎視牛行 우보천리牛步千里입니다. 왕복 42㎞ 구간을 하루에 다녀오려면 꼭 필요한 것은 챙기되 무게를 최소한으로 줄이고 몸가짐을 가볍게 해야 신속히 이동할 수 있습니다.

롭슨산에 오르는 대부분 사람들은 산행 도중 키니 호수나, 화이트혼 캠프사이트 혹은 폭포 캠프그라운드에서 캠핑하며 다음 날을 준비합니다. 탐방센터에서는 등산객들이 산에 오를 때 방풍·방수 재킷, 따뜻한 스웨터, 방수 모자, 방수 신발, 간편 식량과 물을 여유 있게 준비하라고 강조합니다. 야간에 산에서 캠핑한다면 텐트와 슬리핑백을 챙겨야 함은 기본이며, 식량과 여분의 따뜻한 옷도 필히 준비해야 합니다.

밤의 로키는 춥습니다. 더구나 버그 호수는 롭슨산 얼음 지붕과 붙어 있기에 더욱 춥습니다. 호수에 얼음덩이가 둥둥 떠다닌다 하여 얼음 호수로 불릴 정도이지요. 빙하 속 냉기가 어둠을 타고 밀려오면 아무리 방한복을 두껍게 껴입고 보온이 잘되는 슬리핑백 속에 누워 있다 하더라도 덜덜 떨립니다. 여름일지라도 한겨울에 대비한 장비와 옷을 반드시 챙겨 가야 할 이유입니다.

트레킹에 나서는 트레커의 짐을 나열하면 참 많습니다. 이중텐트, 슬리핑백, 냉기 차단용 깔판, 4~5일간의 식량, 코펠, 버너, 연료, 식기류, 과일, 간식, 방한재킷, 방한장갑, 방한모, 갈아입을 속옷, 슬리퍼, 비옷, 식수, 휴지, 개인 소모품, 쓰레기봉투, 곰 스프레이, 등산용 스틱…. 그 짐을 아무리 간단히 꾸려도 35kg은 족히 넘습니다.

내가 꾸린 배낭에는 샌드위치 2개와 사과 2개, 육포 약간, 생수 3병, 초콜릿 바 2개, 경량 방풍재킷, 곰 스프레이, 등산용 스틱, 그리고 셀폰과 우비가 들어 있었습니다. 혹시 당일 돌아오지 못할 경우를 대비해서 아내 배낭에도 샌드위치 2개, 생수 2병, 라이터를 비상으로 찔러 넣었습니다. 로마시대 전투병 기분으로 트레킹에 나섰습니다.

빨리빨리 문화에 젖은 우리는 이런 여행스타일이 몸에 익어 예사로운 일이지만, 서양 사람들은 우리의 이런 조급한 행태를 도무지 이해하지 못하거나 이상한 시각으로 바라보며 묻기도 합니다. "무슨 특별한 사정이라도 있느냐…?"

고대 로마시대 주력군은 중무장 보병군단이었습니다. 병사들은 전투에 필요한 짐을 자신이 직접 조달하여 챙기고 다녔습니다. 수시로 전투를 해야 했기 때문에 몸가짐을 가볍게 해야 하지만, 창과 칼, 방패 등 전투 병기는 물론, 일상에 필요한 의복과 식기, 스푼, 소모품도 챙겨 다녔는데 그 무게가 35kg 내외였다고 합니다. 전투 시에는 무기만 소지하고 나섰음은 물론이지요. 전투병들은 그렇게 중무장을 하고 하루 평균 25km를 이동했습니다. 작전이 긴박하게 전개될 때는 40km까지도 진군했다고 합니다.

오늘날 산에 4~5일 머무르기 위해 준비하는 캠퍼들의 짐 무게와 비슷합니다. 젊은 여성이나 나이 어린 학생도 예외가 없습니다. 잔꾀를 부리거나 자신의 책임을 남에게 전가하는 법은 더더욱 없습니다. 인생을 살아가는 데 필요한 삶의 짐은 자신의 어깨에 직접 메고, 자신의 책임과 판단하에 행동해야 한다는 사실을 이들은 어려서부터 훈련받아 왔기 때문입니다.

로마시대 병사들은 별로 행복했을 것 같지 않습니다. 자신의 의지와는 관계없이 무거운 짐을 지고 명령에 따라 이동하며 목숨을 걸고 사투를 벌였기 때문입니다. 그런데 롭슨에 온 트레커들은 무거운 짐을 지고 있음에도 모두가 부푼 기대로 마냥 행복해보입니다. "자신이 하고 싶은 일을 자신의 자유의지로 결정하고 행동하는 것이 행복" 이라는 차드 멩탄[14] 의 주장이 매우 설득력 있게 다가왔습니다.

설레는 마음으로 롭슨강 다리를 건너 롭슨산으로 향했습니다. 등 뒤에서 신나몬산과 클라퍼혼산[15]이 잘 다녀오라고 배웅해주는 듯싶었습니다. 그 산은 보기에는 낮아보여도 백두산만큼이나 높습니다. 높다랗게 솟은 삼나무 사이로 롭슨이 그 웅장한 모습을 간간이 드러내고, 버그 레이크에서 발원하여 롭슨강을 따라 흐르는 청록색 빙하수 시냇물이 와글와글 기차 소리를 내며 흐릅니다.

산에서 밤을 지새운 많은 캠퍼들이 커다란 배낭을 메고 내려오는데, 그보다 더 큰 배낭을 짊어진 수많은 캠퍼가 눈을 반짝이며 산을 오릅니다. 서로 인사를 건네며 눈부신 아침 피톤치드 가득 쏟아져 내리는 기분 좋은 산길을 5㎞가량 거슬러 올라가니 키니 호수가 잠잠한 숲속에서 비밀스러운 자태를 드러냈습니다.

지난번 날씨가 흐릴 때 보았던 호수와는 전혀 다른 모습입니다. 커다란 호수 안에 화이트혼 산자락과 하늘이 명경明鏡처럼 맑은

---

14 챠드 멩탄Chad-Meng Tan: 하바드대학교 연민과 이타주의 센타 소장, 구글 명상센터 소장, 세계적 베스트셀러 작가

15 신나몬산(2,732m), 클라퍼혼산(2,301m)

산행 장비를 갖추고 버그 호수 트레일을 오르내리는 캠퍼들

호수에 풍덩 빠진 듯 잠겨 있습니다. 호수 밖에 높이 솟은 산과 푸른 하늘이 하늘인지 호수에 비친 산과 하늘이 하늘인지 경계가 모호합니다.

호숫가 숲속으로 이어지는 6㎞의 태곳적 원시림은 비원秘苑을 연상시켰습니다. 높고 곧게 솟은 나무숲은 손 한 뼘 들이밀 공간조차 없을 만큼 울창합니다. 그 숲속에는 수백 년은 족히 넘었을 고목과 바위에 이끼가 잔뜩 덮여 있어 숲속에서 무엇인가 불쑥 튀어나올 것처럼 고색창연古色蒼然합니다.

롭슨강

키니 호수에 비친 하늘

트레일의 고색창연한 숲

　　　　　　　　　　　　　　신들의 땅 로키

키니 호수 건너편에는 화이트혼산 빙원에서 녹아내린 빙하수가 절묘하게 솟은 바위틈 절벽을 따라 은색 실타래를 구불구불 풀어헤쳐 놓은 것처럼 흘러 떨어집니다. 넓은 호수는 산에서 흘러내리는 모든 물을 군자君子의 인품처럼 넓은 아량으로 받아들이는 듯합니다.

키니 호수를 지나면서 가파른 경사 길로 이어졌습니다. 계곡을 지나 오르는 길은 인내력을 시험하는 구간 같습니다. 하지만 이 험산 계곡에 다리를 세우고 바위를 깎아 길을 만든 선각자들의 노고를 생각하니, 길이 놓여 있다는 사실만으로도 감사하지 않을 수 없습니다.

급경사 길을 5㎞ 올라 계곡을 건너는 흔들다리를 지났습니다. 거대한 계곡 시냇물이 흐르는 개울가로 산악 레인저들의 응급 구호 활동을 위한 Whitehorn Ranger Station H.O.가 나타나고, 화이트혼산 쉼터가 보였습니다. 산악인들이 캠프그라운드에서 체류하며 다음 날로 이어지는 산행에 대비하는 곳입니다.

화이트혼 캠프그라운드에서 황제 폭포 캠프그라운드까지 10㎞ 구간은 트레커의 마지막 인내력을 시험하는 급경사 구간입니다. 하지만 길 양옆으로 절묘하게 솟은 기암괴석과, 깊이를 가늠할 수 없는 계곡 사이로 수많은 폭포가 흘러내려, 숨은 가쁘게 헐떡이면서도 두 눈은 사방을 두리번거리며 신비로운 경치 구경에 바쁩니다.

좌측에 우뚝 솟은 화이트혼산 위용과, 우측으로 하늘 높이 머리를 들어야 가까스로 보이는 롭슨산 정상은 바라보는 것만으로도 쿵쾅쿵쾅 뛰는 가슴에 요동치듯 방망이질을 합니다.

롭슨산에 절묘하게 솟아오른 기암괴석과 칼로 자른 듯한 바위 절단면을 바라보면 수십억 년 지구 형성 과정 동안 역사가 품어 왔던 태고의 모습에 찬탄하지 않을 수 없습니다. 이 땅에서 일백 년을 생존하기 어려운 우리는 인류 앞에, 역사 앞에, 자연계 앞에 어떻게 살아야 하는지를 다시 묻고 생각하게 됩니다.

롭슨은 거대하고 높은 산이기에 골이 깊고, 면적도 엄청나게 큽니다. 약 7억 평에 이르는 산에는 천여 개의 폭포와 수많은 호수가 산재해 있고, 산봉우리마다 만년설로 덮여 있습니다. 너무나 큰 산이기에 산 정상으로 이어지는 길도 카인봉면·남봉면·북봉면·황제봉면으로 구분될 만큼 거대합니다.

거봉을 이루는 각 면마다 가파르고 험난한 바위가 위엄을 드러내는데, 그 가운데 압권은 황제봉면입니다. 황제봉면 앞에 서면 그 누구도 "우아!" 하는 소리를 지르며 머리를 조아리지 않을 수 없습니다. 롭슨산 위용이 황제의 기상을 닮았습니다.

북아메리카인들이 신성시하는 산이 있습니다. 알래스카의 데날리입니다. 산 높이가 6,195m로 북아메리카에서는 가장 높습니다. 알래스카 원주민들은 데날리산[16]을 '그레이트 원'이라고 부르며, 종교적인 의미가 담겨 있을 만큼 신성시합니다.

산 높이로만 따진다면 히말라야의 에베레스트나 남미 아콩가과가 단연 높습니다.[17] 그러나 에베레스트는 평균 해발고도가 4,000m이상 고지

---

16 앵커리지에서 북서쪽으로 210㎞ 떨어져 있는 코르딜레라 산계의 북쪽 끝에 있는 북아메리카 대륙의 최고봉으로, 높이가 6,195m에 달한다. 웅장한 봉우리의 위쪽 2/3는, 길이가 48㎞를 넘는 만년설과 빙하로 덮여 있으며, 2015년까지 매킨리산이라고 불리다가 데날리산으로 공식 명칭이 변경되었다. 한국인 최초로 에베레스트산을 정복한 고상돈 산악인이 하산하던 중에 조난당한 후배를 구하기 위해 다시 산을 오르다 실종되어 목숨을 잃은 가슴 아픈 인연이 있는 산이다.

17 히말라야의 에베레스트 8,848m, 남미 아콩가과 6,962m

신들의 땅 로키

대에 있기에, 실제 솟아오른 산봉우리는 3,000~4,000m에 불과합니다. 지단에서부터 솟아오른 봉우리 높이를 기준으로 따진다면 해수면과 비슷한 낮은 고도에서부터 시작하는 데날리산이 단연 최고로 높습니다.

데날리는 일교차가 극심합니다. 하루에도 몇 차례씩 눈과 비가 교차하며 연평균 210cm의 눈이 내립니다. 1년 내내 눈이 내린다고 이해하면 됩니다. 북태평양의 고온 다습한 대기가 북쪽으로 이동하다가 데날리의 거대한 장벽에 가로막혀 솟아올라 항상 짙은 구름과 안개로 덮여 있습니다. 산 전체가 다 보이는 날은 1년에 단지 며칠, 아니 몇 시간에 불과합니다.

롭슨의 기상도 데날리를 닮았나 싶습니다. 산도 거대할뿐더러, 큰 산에 구름이 짙게 드리워지는 날이 많고, 고산지대 특성상 일기 변화가 극심하며, 눈과 비가 자주 교차하기 때문입니다.

롭슨산 계곡 골짜기와 폭포를 타고 흘러내린 빙하수는 낮은 곳으로 흘러 버그 레이크라는 거대한 호수를 만듭니다. 맑은 날과 흐린 날의 햇빛 강도, 아침, 정오, 저녁 시간에 따라 색깔을 달리하는 호수는 신비스럽습니다. 날씨가 맑을 때는 호수 바닥이 훤히 보일만큼 맑고 투명하며, 날씨가 흐릴 때는 뿌옇게 잿빛을 띠다가도, 햇빛이 쨍 비치면 청록색 에메랄드나 비췻빛 옥색으로 변해, 색의 변화에 넋을 잃고 바라보곤 합니다.

롭슨에는 산짐승이 많습니다. 검은곰·갈색곰·산사자·코요테·늑대·엘크·사슴·큰뿔산양·산염소·다람쥐를 비롯하여 독수리·부엉이·올빼미·까마귀·오리·벌새 등 각종 조류들이 서식하는 생태계의 보고입니다. 또 맑은 물이 흐르는 계곡과 호수에는 코키니송어·호수송어·무지개송어·곤돌메기·살기 등 어족 자원도 풍부합니다. 호수와 강

화이트혼 캠프그라운드의 캠퍼들

계곡을 건너는 흔들다리

화이트혼 캠프그라운드 쉼터와 등산로 안내 표지

풀 폭포 앞에서 휴식을 취하는 등산객

바위산을 힘겹게 오르는 여성 캠퍼

신들의 땅 로키

이 크기에 물고기의 몸집도 대단합니다. 호수에서 낚이는 무지개송어는 보통 3kg 정도지만, 무게가 자그마치 10kg이나 나가는 호수송어가 잡힌 적도 있습니다.

이렇게 거대한 산에서 봄부터 가을까지 녹아내리는 고지대 만년설이 빙하계곡을 타고 흘러내릴 때, 폭포 하나하나가 연출해 내는 모습은 실로 장관입니다. 마치 거대한 물기둥이 하늘에서 쏟아져 내리듯 웅장하게 떨어지는 폭포도 있고, 실개천처럼 가늘고 길게 흘러내리는 폭포도 있습니다. 그런 폭포가 화이트혼산 캠프그라운드에서부터 버그 레크까지 1,000개나 있습니다. 그래서 그 계곡 이름이 일천 개 폭포 계곡입니다.

고여 있는 물은 그냥 물일뿐이지만, 낙차를 이루며 떨어지는 물의 힘은 대단합니다. 바위를 깎아 홈을 내고, 그 파인 홈을 통해 지나가는 물길이 깊어져 산의 모습이 바뀌기도 합니다.

화이트혼산 폭포

풀 폭포

여러 폭포 가운데 황제라는 이름을 가진 거대한 폭포가 롭슨산 정상 부근에 있습니다. 롭슨산 가파른 경사면을 따라 흐르는 빙하수가 장구한 세월 동안 바위를 깎아 깊은 통로를 만들었고, 깊숙하게 파인 통로를 따라 흐르던 빙하수가 바위를 뚫고 솟구쳐 오르다가 떨어지면서 바위에 부딪쳐 굉음을 일으키며 산산이 부서집니다. 굉음소리와 부서지는 포말의 위용이 황제의 기상을 닮았다 하여 황제 폭포라 불립니다. 거기에 더하여 기하학적 설계 도면을 따라 깎여진 듯한 기암괴석과 끝을 가늠할 수 없는 계곡이 어우러져 장관을 이루기에 붙여진 이름이 아닌가 싶습니다.

황제 폭포를 지나 황제 폭포 캠프사이트까지는 3㎞를 더 올라가야 하고, 거기서 다시 1㎞를 더 가야 버그 레이크에 다다르게 됩니다. 버그 레이크에서 롭슨 패스 언덕을 넘으면 재스퍼 국립공원이 펼쳐집니다. 황제 폭포 캠프사이트 앞으로는 버그 레이크에서 흘러내려 온 계곡물이 강처럼 흘러내립니다. 캠프그라운드에는 이미 올라온 많은 캠퍼들이 서로 악수하고 포옹하며 위대한 산을 바라보거나, 감격에 잠겨 있습니다.

캠프사이트에서 바라보는 롭슨산 위용은 숨을 멎게 할 만큼 위압적입니다. 이 위대한 산이 자연계의 변화에 의해 이루어진 경이인지, 신의 정교한 솜씨로 빚어진 창조 걸작인지 한참을 들여다보며 생각했습니다. 고개를 90도 가까이 치켜들어 롭슨산 봉우리를 올려다보았습니다.

산 정상 뾰죽바위 위에 군림하듯 도도하게 덮여있는 백설에는 정상 정복을 불허하는 위엄이 서려 있고, 산 정상에 드리워진 구름은 상층 기류의 변화가 극심함을 보여 줍니다. 잠시도 쉼 없이 모였다가 사라지고, 맑

황제 폭포

롭슨산 정상 도전을 기약하며 백운대 정상에서 허영호 님, 친구 가족, 그리고 필자

은 산이 보였다 싶으면 다시 구름이 밀려와 가려지기를 되풀이합니다.

음악을 좋아하는 사람은 명곡을 들을 때 행복하다고 하고, 그림 그리는 것이 취미인 친구는 그리거나 창작할 때 가장 행복하다고 합니다. 나는 하늘과 우주공간의 별과 은하수를 바라보며 물리학적 시각으로 자유롭게 상상할 때가 가장 행복합니다.

시계는 이미 4시를 넘어서고 있었습니다. 산을 바라보며 감격에 젖어 있는 사치도 잠시일 뿐, 우리는 서둘러 산을 내려와야 했습니다. 여기까지 고되게 올라온 캠퍼들은 모두가 근처에 캠프를 설치하고 3~4일 체류하며 고진감래의 행복을 만끽합니다. 하지만, 캠핑 장비를 준비하지

롭슨산 정상(3,954m)

않은 우리는 하산 길을 서둘러야 했습니다. 해가 지고 어둠이 내리기 전까지는 출발점으로 돌아와야 했기에.

내려가는 길이 오르는 길보다 수월한 것은 사실입니다. 그러나 목표를 이루고 내려가는 길은 오르는 길보다 훨씬 더 멀고 지루하고 힘겹게 느껴졌습니다. 온몸은 피곤에 찌들고, 무릎과 발가락은 더 이상 걸어서는 안 된다는 고통스러운 신호를 계속 보내왔지만, 아무런 캠핑 장비 없이 산중에서 차갑고 무서운 밤을 맞이할 수는 없는 노릇입니다. 달리고 걷기를 다섯 시간 동안 수도 없이 되풀이하여 사방이 어둠에 잠긴 밤 10시가 되어서야 트레일이 시작되었던 원점으로 돌아왔습니다.

하루 만에는 도저히 다녀올 수 없다던 탐방센터 직원의 조언을 떠올리며, 위대한 산의 진면목을 가까이에서 보고 왔다는 짜릿한 쾌감이 전 신을 타고 흘렀습니다. 대가는 가혹했습니다. 14시간 동안 롭슨 비경 속을 헤집고 다닌 다음 날부터 3일간 나는 아픈 다리를 어루만지며 거의 누워서 보냈습니다.

다음에 기회가 주어진다면 캠핑 장비를 철저히 챙기고 롭슨산 정상에 좀 더 가까이 다가가서 신비로운 자연에 심취해 명상하며 하늘과 우주의 깊은 뜻을 헤아려 보아야겠습니다. 가능하다면 동료들과 정상 도전도 욕심내 봐야지요. 산악인 허영호 님은 64세에 에베레스트 정상에 올랐고, 일본인 유치로 무라이 씨는 80세에도 에베레스트 정상에 우뚝 올라섰다지 않던가요!

08

요호 타카카우
폭포

타카카우 폭포

사람들은 폭포를 참 좋아합니다. 폭포 사진이나 그림이 웬만한 사무실이나 가정에 한 점씩은 걸려 있습니다. 사업가들은 특히 더 그렇습니다. 계획했던 일이 잘 풀리지 않을 때 시원하게 떨어지는 물줄기를 바라보며 현실에서 얻을 수 없는 카타르시스를 느끼기 때문이라고 합니다.

하물며 실물 폭포는 더 말할 나위가 없습니다. 콸콸콸 시원하게 쏟아지는 물줄기를 바라보며, 막혔던 일들이 폭포의 낙수落水처럼 술술 풀려나가기를 소망하는 마음에서인지도 모를 일입니다. 그래서인지 유네스코가 선정한 세계 10대 절경[18]에 폭포가 두 군데나 포함되어 있습니다.

사람들이 폭포를 좋아하는 또 다른 이유는 웅장하면서도 아름다운 모습 때문일 것입니다. 브라질과 아르헨티나 접경에 있는 이과수강을 따라 넓이 4.5㎞에 걸쳐 275개 폭포가 최대 낙폭 82m 아래로 떨어지는 이과수 폭포! 잠비아와 짐바브웨 사이 국경을 흐르는 잠베지강에 폭 1,708m 최고 낙폭 108m에서 떨어져 '천둥 치는 연기'라고 표현하는 빅토리아 폭포!

고도 1,283m의 산에서 폭 150m의 물줄기가 979m 아래로 막힘없이 떨어질 때, 폭포 아래 계곡에서 일으키는 흰 물보라가 천사의 날개를 닮았다 하여 '신의 세계'라 믿었던 베네수엘라 엔젤 폭포! 미국과 캐나다 국경 나이아가라강에 길이 790m의 U자형 곡면을 따라 54m 절벽 아래로 떨어지는 나이아가라 폭포! 이들 모두는 각기 독보적인 외형과 신비로운 모습으로 순위를 매기기조차 어려울 만큼 아름답습니다.

---

18 1. 볼리비아 유유니 소금사막 2. 짐바브웨 빅토리아 폭포 3. 터키 고대도시 카파도키아 4. 파키스탄 훈자밸리 고산지대 5. 미국 그랜드 캐니언 6. 베네수엘라 엔젤 폭포 7. 나미비아 나미브 사막 8. 중국 황산 9. 남호주 그레이트 오션로드 10. 캐나다 로키

요호 국립 공원 트레일 안내 표지

눈부신 빙하, 기암괴석, 협곡, 호수, 침엽수림 가득한 로키에서 폭포를 열거하라면 입에 침이 마릅니다. 늦가을부터 봄까지 고산 정상에 얼어붙어 있던 빙하가 기온이 오르면서 녹아내려 낙차를 이루며 떨어지는 모습은 장관입니다.

눈에 보일 듯 말 듯 바위벽을 따라 은백색 실타래를 풀어헤치며 졸졸졸 흘러내리는 놈이 있는가 하면, 암반에 부딪쳐 굉음을 토해내며 몸부림치듯 흰 포말을 일으키는 거대한 폭포도 있습니다.

로키에서 '폭포' 하면 타카카우가 먼저 떠오릅니다. 로키 폭포 가운데 규모가 가장 크고 힘이 드세지요. 타카카우 폭포는 요호 국립공원 동쪽 3,000m 이상 되는 거봉-발포어산·릴리풋산·달리산·나일스산[19]-정상에 얼어 있던 와푸틱 빙원 달리 빙하가 봄부터 가을까지 녹아내리면서 요호 서쪽으로 흘러 이루어진 폭포입니다. 타카카우는 이곳에 살았던 크리족 언어로 '멋진'이라는 말입니다. 타카카우를 통과한 빙하수는 요호강을 이루며 골짜기를 따라 가다가 골든에서 콜롬비아강과 합류되어 BC주 내륙을 적시고 태평양으로 긴 여행을 떠납

---

19 밴프 국립공원과 요호 국립공원 경계선상의 BC주에 속한 산: 발포어산(Mt. Balfour, 3,284m), 릴리풋산(Mt. Lilliput, 2,925m), 달리산(Mt. Daly, 3,148m), 나일스산(Mt. Niles, 2,972m).

신들의 땅 로키

니다. 한편, 빙원 동쪽 경사면을 따라 흐른 빙하수는 밴프로 나가 헥토르 호수에 잠겼다가 보우강으로 흘러, 캐나다 중부 거대한 평원을 적시며 대륙을 가로질러 북극해로 긴 여행을 떠납니다.

삶에 분수령이 있듯이, 로키산 정상 와푸틱 빙원에서 똑같은 얼음 상태로 있던 빙하가 녹아 경사면 서쪽으로 흐르느냐, 동쪽으로 흐르느냐가 지구의 서로 다른 방향으로 흘러가 결국 서로 다른 대양에 다다르는 사실을 주시하면서, 우리가 살아가면서 무심코 내리는 결정이 평생의 삶에 무척 중요하다는 사실을 생각하면, 매 순간 판단과 선택에 심사숙고深思熟考해야 함을 자각하지 않을 수 없습니다.

고도 3,000m의 와푸틱 빙원을 녹인 빙하수가 오랜 세월 석회암 암반을 지나가는 동안 깊게 홈이 파였고, 파인 홈을 타고 373m 아래 계곡으로 떨어질 때 일으키는 타카카우 폭포 소리는 빙하의 변주곡이라 해야 적절하겠습니다. 계곡 사방이 폭포가 포효하는 소리로 귀가 먹먹합니다.

젊은이들은 한 발짝이라도 더 폭포에 다가가고픈 욕심에 흰 포말 자욱한 폭포수 아래로 뛰어들어 카메라를 들이대기도 하지만 잠시도 견디지 못하고 뛰어나옵니다. 온몸을 적시는 폭탄 수준의 빙하수 물보라가 전신을 오싹하게 할 정도로 차갑기 때문이지요. 그러함에도 그들 표정은 싱글벙글 입을 다물지 못합니다.

그렇게 힘차게 흘러내리는 폭포도 가을을 지나 빙원이 얼기 시작하면 결빙되고, 물의 수량도 점차 줄어들며, 한겨울에는 폭포까지 얼음동산으로 변한다고 합니다. 사계절의 변화는 우리에게 때로 시련을 주기도 하지만 축복임이 분명합니다.

타카카우 폭포 입구

타카카우 폭포 주변

요호 아이스라인 트레일

신들의 땅 로키

폭포 유람을 마친 탐방객들에게 요호는 또 다른 선물 꾸러미를 한 아름 안고 기다립니다. 요호강 계곡을 따라 올라가는 요호 아이스라인 트레일과 요호 빙하가 발걸음을 재촉하고, 요호에서 가장 아름답다는 호수 에메랄드와 해밀턴이 멀리서 빨리 오라고 손짓합니다.

이곳에 오는 길에 키킹호스 패스Kicking Horse pass 근처 스파이럴 터널 Spiral Tunnels 전망대에서 보았던 열차가 산과 터널을 통과하는 모습은 꽤나 인상적이었습니다. 스파이럴이란 로키와 같이 높고 거대한 산을 오를 때 바퀴가 미끄러지지 않고 경사면을 쉽게 오르기 위해 구불구불하게 닦아 놓은 도로를 말합니다. 마치 설악산 경사면을 지그재그로 오르내리는 것과 같은 원리지만 규모가 엄청나게 큽니다.

밴쿠버에서 출발하여 캐나다 드넓은 대륙을 관통하여 몬트리올까지 가는 대륙횡단철도가 1885년에 개통됨으로써 캐나다는 하나의 연방으로 통일되는 기폭제가 되었고, 도시와 농촌, 해안과 내륙 간 문물 이동이 활발히 이루어짐으로써 선진국으로 도약하는 기틀이 마련되었습니다. 산 높고 골 깊은 험산 로키에서 로키 관광열차도 이 철로를 이용하지만, 200~300량 연결된 긴 화물열차 행렬이 로키산과 스파이럴 터널을 통과하는 모습은 진풍경입니다.

공원 탐방센터에 의하면 로키의 보물은 밴프·요호·쿠트니 국립공원이 만나는 삼각점에 있는 오하라 호수와 그 주변 고산지대라고 합니다. 1번 고속도로Trans Canada Highway가 지나가는 주차장으로부터 12㎞ 떨어진 깊은 산중에 있고, 신선이 노닐 곳처럼 산수풍경이 수려한 야생동물 천국입니다. 하지만, 공원 보호를 위해 미리 숙소나 캠프사이트를 예약했거나 버스 탑승권이 확보된 소수의 사람만이 들어갈 수 있습니다.

통나무집 로지와 캠프사이트 체류자를 포함해서 하루 약 100여 명의 사전 예약된 사람만이 그 혜택을 향유할 수 있습니다. 이역만리 먼 곳에서 온 이방인의 입장을 조금이라도 느슨하게 배려해 주었으면 하는 아쉬운 마음에 그들의 처사가 야박스럽게 느껴집니다.

요호 계곡으로 진입하는 도로Yoho Valley Rd.도 10월부터 이듬해 6월까지는 차량 출입이 통제됩니다. 야생동물 서식지에서 동식물과 생태 환경을 보호해야 함은 물론, 적설량이 많은 10월부터 5월까지는 온 산이 눈에 덮여 있고, 노면이 결빙되어 탐방객의 안전도 고려해야 하기 때문입니다. 7월부터 9월까지만 차량 진입이 가능하다니 그 기간에 탐방 인원수를 제한하지 않는 것만으로도 다행 아닌가요!

돌이켜 생각하니 고속도로에서 요호 계곡으로 진입할 때부터 운전할 때 무척 조심스러웠습니다. 요호강 골짜기를 따라 형성된 가파르고 굴곡진 도로는 고즈넉했고, 사방은 영화에서나 나옴 직한 로마시대 지방 풍경을 연상케 했습니다. 자연을 손상시키지 않는 최소한의 범위에서 환경 친화적으로 개방하는 데다가 여름에만 개방하니, 첩첩산중에 이나마 도로가 나 있는 것만으로도 감사해야 할 따름입니다.

와든캐빈 주차장까지 온 차량들은 두 군데의 넓은 주차장에 차를 세우지만, 노견 양편에는 주차 공간을 찾지 못한 차량들로 빼곡히 채워져 있습니다. 여름 한시적으로 개방되기에 이곳을 찾는 탐방객들이 많다는 징표입니다. 주차장에서부터는 차량 출입이 통제되므로 모든 트레커나 캠퍼들은 이곳에서부터 각자 자신의 짐을 어깨에 메고 자신의 방식대로 자연 속에 동화됩니다.

주차장에서 지근거리에 있는 타카카우 폭포 캠프그라운드에는 캠프 사이트마다 식탁 겸용 테이블이 설치되어 있고, 공용 시설로 태양열 정

곰이 즐겨 먹는 베리   아이스라인 트레일

Laughing Falls Campground

요호 숲속 이름 모를 새

수 시스템과 싱크대, 음식물을 야생동물로부터 보호하기 위한 스탠드형 철제 캐비닛, 공용 화장실이 정결하게 정비되어 있습니다. 누구나 자유롭게 가져다 쓸 수 있도록 캠프파이어용 장작도 한구석에 쌓여 있어 캠퍼들을 위한 공원 관리공단의 배려에 훈훈한 인정이 느껴졌습니다.

요호는 크리족 인디언 말로 '경이롭다' 또는 '감명깊다'는 뜻입니다. 이곳에 거주했던 크리인들의 눈에 비친 높다란 바위와 호수, 폭포, 눈 덮인 산은 무척 경이로웠을 것입니다. 캠프그라운드를 벗어나면 요호 계곡으로 진입하는 아이스라인 트레일이 이어집니다.

계곡 왼편으로 보이는 천사의 계단 폭포는 가파른 계단으로 물이 흘러내려 마치 하늘로 오르는 천국 계단을 연상시켰습니다. 요호에 크고 작은 호수와 폭포와 하늘을 가로막을 듯 서 있는 암벽이 많아서 경이롭다는 의미에서 요호로 불리게 됐는지도 모를 일입니다.[20]

캠프그라운드에서 5km쯤 지나자 작은 요호 계곡 트레일로 이어지는 갈림길에 미소 폭포Laughing Falls가 반깁니다. 그 모습이 숲속에 조용히 앉아 미소 짓는 여인 같아 붙여진 이름이라 합니다. 폭포의 울림이 숲속 적막을 깨웁니다. 화려함까지는 아니더라도 다소곳한 모습이 아름답습니다.

여기서 갈라지는 트레일의 한 길은 초록색 지붕이 인상적인 스텐리 미첼 오두막으로 이어집니다. 산장으로 쓰이기도 하고, 비상 대피소로

---

20 가. 요호의 호수: Emerald Lake, Hamilton Lake, Yoho Lake, Sherbrooke Lake, Larao Lakes, Hidden Lake, Fairy Lake, Marpole Lake, Laughing Lake, Duchesna Lake, Celeste Lake, Little Gm Lake, McArthur Lake, Lake O'Hara, Lake Oesa, Linda Lake, Morning Glory Lakes.
　나. 요호의 폭포: Takakkaw Falls, Laughing Falls, Twin Falls, Wapta Falls, Whiskey Jack Falls, Point Lace Falls.

Laughing Fall

Yoho Glacier

Yoho Emerald Lake

Yoho Hamilton Lake

쓰이기도 하는 통나무집입니다. 또 다른 길은 계곡을 따라 올라가 쌍둥이 폭포 오두막 찻집을 거쳐 스텐리 미첼 오두막에서 두 길은 함께 만나 하나가 됩니다.

계곡을 따라 올라가는 트레일은 기분 좋은 소풍 길 같습니다. 하늘문이 뻥 뚫린 듯 푸르른 하늘! 그 하늘을 덮을 정도로 치솟은 울창한

신들의 땅 로키

수목! 그 수목 사이로 가끔씩 얼굴을 드러내는 요호 빙하! 빙하수 흐르는 요호강!

강이 흐르는 계곡에는 곰들이 좋아할 만한 베리가 한창 익어가고 있습니다. 가끔씩 이름 모를 산새 울음소리만이 숲속의 적막을 흔듭니다. 그렇게 깊은 숲속을 거닐 때 신비롭던 자연은 두려움의 대상으로 바뀌기도 합니다.

곰은 우거진 덤불이나 나무숲, 움푹 파인 골짜기, 베리 열매가 매달린 나무 주변을 즐겨 찾는다고 하지 않는가요! 그런 곳을 지날 때는 사방을 주시하며 갑자가 조우할지도 모를 곰의 출현에 경계를 늦출 수 없습니다. 사방을 둘러봐도 아무도 보이지 않습니다. 이럴 때 '낮고 조용하며 굵은 소리를 내거나 노래를 부르라'는 주의 사항을 떠올리며, 나는 노래를 부릅니다. 내가 알고 있는 모든 노래를 목청껏 부르며, 근처에 있는 위험한 산짐승은 부디 도망가 달라고⋯.

그 길을 30분 가까이 올라가니 마폴 호수가 나타나고 다시 30분 가까이 오르니 쌍둥이 폭포가 나무 사이로 아련히 모습을 드러냈습니다. 그 모습이 마치 숲속의 잠자는 공주 같습니다. 거기서 30분을 더 가면 스텐리 미첼 오두막이 나타납니다. 욕심 같아서는 오두막까지 오르고 싶지만, 되돌아가야 시간과 어두워진 이후 캄캄한 숲을 더듬어 내려가야 할 길을 예상하니 하산을 서둘러야겠습니다. 내일은 내일의 해가 뜨고, 또 다른 내일에는 에메랄드 호수와 해밀턴 호수가 기다리고 있기 때문입니다.

하산하면서 이 공원에서 감사해야 할 조건이 너무나 많다는 사실을 확인했습니다. 무엇보다 먼저 자연의 질서를 주관하는 창조주에게 감사해야 하겠습니다. 이렇게 아름다운 생태 환경이 선순환되고, 원형 그대로 유지되도록 노력하는 국립관리공단의 제도적 배려에도 감사드리지 않을 수 없습니다.

헌신적인 도움을 베풀어 주었던 산악 레인저들과 자원봉사자에게 감사해야 함은 물론, 이런 생태 환경을 탐방하고, 관리하고, 즐기고, 서로를 배려하는 이웃에게도 감사해야겠습니다. 그런 나 자신의 두 발과 튼튼한 몸에도 감사를 아끼지 말아야지요.

09

말린 캐니언

말린캐니언 협곡

말린 캐니언^{Maligne Canyon}은 재스퍼 말린 호수에서 넘쳐흐른 물이 말린강을 지나 메디신 호수에 잠겨 있다가 지하 암반 속으로 스며들어 석회암과 규암 지대를 통과하면서 암반을 침식시켜 이루어진 협곡입니다. 카르스트 지형의 좁은 계류에는 절묘한 포인트마다 다리가 6개나 놓여 있고, 다리 아래로는 현기증이 느껴질 정도로 깊고 굴곡진 계곡과 폭포가 요소마다 산재해 있습니다.

하늘을 올려다보고 심호흡한 후, 울창한 숲과 나무 사이에 형성된 협곡을 지나고 다리를 건넜습니다. 눈길이 가는 곳마다 탄사가 절로 튀어나옵니다. 구불구불 계곡을 지나는 트레일 양옆으로 펼쳐지는 수억 년 지구과학과 물이 연출해 놓은 자연의 파노라마는 가슴에 감동의 파도가 물결치게 합니다.

물의 성질은 참 신기합니다. 지구 표면적의 3/4을 덮고 있는 물은 평범한 듯 보이지만 알고 보면 참 신비로운 물질입니다. 물은 곧 생명입니다. 고대 그리스 7대 현인으로 불리던 위대한 철학자 탈레스^{Thales}는 '만물의 근원은 물'이라고 하지 않았던가요!

인체의 70%는 물로 구성되어 있습니다. 물이 없는 생명체와 삶은 상상할 수 없습니다. 사람은 하루에 평균 2.6리터의 물을 필요로 합니다. 인체로 들어온 물 가운데 66%는 세포 내에, 26%는 세포 외에, 8%는 혈액 내에 존재합니다. 뼈의 22%도 알고 보면 물이지요.

쉽게 표현하면 우리는 생각하고 움직이는 물 덩어리입니다. 우리는 줏대 없이 우왕좌왕하거나 싱거운 사람을 '맹물 같은 사람'이라고 비웃는 경향이 있습니다. 한때 우리나라 지도자 가운데 리더십이 약한 대통령을 '물○○'이라고 비하했던 적도 있었습니다. 모두 맹물의 위대한 성

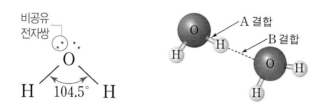

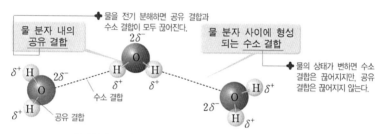

물의 분자구조와 공유경합 자료(출처: 위키백과, 우리 모두의 백과사전)

질을 몰라서 하는 말입니다.

물H_2O은 두 개의 수소 원자가 한 개의 산소 원자를 중심으로 104.5°
간격에서 3차원 구조로 공유결합하여 물이 됩니다. 상온에서는 투명하
고 무색·무미·무취 상태의 액체로 존재하던 물이 비등점 아래에서는
고체의 얼음 결정으로, 기체 상태에서는 수증기로 바뀌지 않습니까? 이
물이 창조의 시작이고, 지구 변화를 이끌어 온 주역이며, 모든 생명체
의 근원입니다. 분자물리학의 실제는 생각할수록 오묘합니다.

더욱 신기한 것은 물 구조를 보면 수소 2개 분자가 산소를 중심으로
양쪽 끝에 존재하지 않고 한쪽으로 약간 기울어져, 한쪽은 양극성(+)을
띠고 한쪽은 음극성(-)을 띠며, 양극성 부위는 다른 물 분자의 음극성
부위와 결합하여 상호 상승·보완작용을 하며 서로 주거니 받거니 하
는 형태로 존재한다는 사실입니다.

아무런 외형도 갖지 않고 어떤 물리적 특성도 없는 이 물이 거대한

신들의 땅 로키

바위를 뚫고 계곡을 깎아 협곡을 만들어 냅니다. 우주에 생명체를 창조하고 변화를 이끄는 데는 물이 원래 가지고 있는 이런 속성이 영향을 발휘 한다고 합니다. 46억 년 지구과학의 장구한 역사 앞에 물의 상호작용과 역할을 떠올리며, 우리도 서로 화합하며, 부족한 점은 서로 돕고 상생하는 물의 성질을 닮으면 좋겠다고 생각합니다.

말린Maligne은 용어 속에 해로운, 악성 등 부정적 의미를 내포합니다. 하지만, 말린이란 수식어가 붙은 호수·강·협곡은 그러한 부정적 이미지를 상쇄하고도 남을 만큼 아름답습니다. 특히 말린 협곡 원류가 되는 말린 호수와 태고의 신비를 머금고 있는 호수 주변 경관을 마주하는 순간 쿵쾅쿵쾅 뛰는 가슴을 진정시키는 데는 많은 시간이 필요했습니다.

말린 호수는 말린 협곡 동남쪽 37㎞에 있는 길이 22.5㎞, 폭 1.5㎞에 평균 수심이 35m나 되는 거대한 빙하 호수입니다. 하늘에서 볼 때는 길쭉한 고구마 같은 형상인데, 빙하 호수 규모면에서는 세계 두 번째로 크고, 로키에서는 가장 아름다운 호수 중 하나입니다.

이 호수에는 로키의 모든 홍보물에 단골로 등장하는 특이한 섬이 하나 있습니다. 스피릿 아일랜드Spirit Island입니다. 말린 호수 유람선을 타고 20여 분을 호수 안쪽으로 들어가야만 볼 수 있다기에 유람선에 탑승했습니다. 섬이라기에는 규모가 너무 작습니다. 물론 사람도 살지 않습니다. 하지만, 세계 사진 애호가들이 동경하는 꿈의 촬영지로 소문나 있습니다.

가까이에서 보니 아름답지만 그렇게 극찬을 늘어놓을 만한 섬은 아닙니다. 하지만 사진 촬영을 했을 때 섬 뒤 배경이 되는 삼손 피크와

Maligne Lake의 Spirit Island

Maligne Lake

말린산, 몽크헤드산에서 뿜어내는 위용은 감동적입니다.[21] 말린 호수에 온 사람들은 스피릿 아일랜드 앞에서 모두 카메라를 꺼내들고 세상에서 상상하기 어려운 자세를 취하며 사진 촬영에 바쁩니다.

배가 호수 끝으로 가까이 갈수록 그 실체를 드러내는 리스프란 피크와 메리보산, 몽크헤드산, 폴산의 모습은 지구의 태곳적 원시 자연 모습이 어떠했을지 추측하게 해 줍니다. 개발되기 이전 지구 환경이 이러했

---

21 삼손 피크(3,081m), 말린산(3,200m), 몽크헤드산(3,250m).

신들의 땅 로키

다면 우리는 신비로운 행성의 원초적 모습을 바라보는 축복받은 사람인 셈이지요.

말린 캐니언 생성 배경에 대해서는 세 가지 가능성이 논의되고 있습니다. 첫째, '말린 강물이 빙하기 이후 지반이 약한 계곡을 흘러가면서 바위를 녹이고 깎아 계곡이 형성되었을 것'이라는 가정입니다, 하지만, 빙하시대 퇴적물이 이 협곡에서는 보이지 않으며, 이 협곡은 실제로는 수만 년 전부터 형성되었다는 점에서 설득력이 없어 보입니다.

둘째, '빙하기에 200~300m 두께로 덮여 있던 지표 위 빙하가 오랜 세월 동안 녹으면서 지반 아래로 흘러내렸고, 지반 아래에 있던 동굴이 무너져 내리면서 협곡으로 변했을 것'이라는 추측입니다. 말린 캐니언은 동굴 형태의 형상을 띠며, 물이 동굴로부터 협곡으로 흐르기도 하고, 상류성 협곡이 동굴로 이어지기도 한다는 측면에서 가능성 있는 추측이라고 여겨집니다.

세 번째 가능성은 '거대한 빙하로 덮여 있던 지표 위 빙하가 오랜 세월 동안 녹으면서, 녹아내린 빙하수가 지반 아래로 침식되어 지반이 깎이고 깎인 홈이 점차 깊고 넓어져 협곡으로 변했을 것'이라는 설歌입니다. 이 계곡은 빙하기 이전부터 존재했었다는 사실에 비추어 꽤나 설득력 있게 이해됩니다.

말린 계곡에서 기묘한 형상으로 깎이고 파인 흔적이 남아 있는 바위는 7억 5천만 년 전에 퇴적되어 동태평양 연안 해저에 잠겨 있던 석회암과 규암층 암반이었다고 합니다. 해저에서 암반으로 변해 버린 지층이 4,500만~1억 년 전부터 융기와 침강, 굴절과 단절을 되풀이하면서

계곡 상류로부터 흐르는 빙하수

계곡 급류

신들의 땅 로키

깊게 파인 협곡과 암반을 지나는 빙하수

태평양 지각대의 거대한 힘에 밀려 융기되었고, 말린 계곡은 새로 형성된 로키산맥에서 좁고 굽이진 V자형 협곡으로 자리 잡게 되었다는 주장입니다.

3~4억 년 전 고생대 시대에 바다에서 살다가 퇴적되어 화석으로 변해 버린 복족류 동물이나 바다나리, 새우, 암모나이트 등 고대 해양생물들의 모습은 첫 번째 다리와 티 하우스 근처 바위에 나타난 화석에서도 보입니다. 이런 이론적 배경에 기초한 해저융기학설은 꽤 설득력 있게 이해됩니다.

메디신 호수는 말린 계곡에서 18㎞ 상류에 있습니다. 이 호수는 봄부터 가을까지는 호수로 존재하다가 겨울에는 결빙되고 호수도 밑바닥을 드러냅니다. 봄부터 가을까지 호수에 고인 물은 지하로 스며들어 석회암과 규암 암반을 통과하고 지하층에서 말린 계곡으로 흘러가지만, 호수 위에서 녹아내리던 빙하가 결빙되면 호수로 유입되던 빙하수 유입도 끊기기 때문입니다.

지하로 침수된 호수 물이 바위 층을 통과하며 흐른다는 증거는 협곡 여러 곳에서 볼 수 있습니다. 대표적인 것이 지하 카스트 지형을 통과해 절벽 아래로 떨어지는 폭포와 산 협곡 벽면을 타고 흘러내리는 삼각형 폭포입니다. 계곡 가운데는 깊이가 50m 넘게 파인 곳도 있고, 낙차를 이루며 떨어지는 협곡 가운데는 수심이 30m가 넘는 곳도 있습니다. 엄청난 굉음을 내며 떨어지는 폭포수와 소용돌이치는 급류의 흐름이 밴프의 존스턴 캐니언Johnston Canyon이나 재스퍼의 미스타야 캐니언Mistaya Canyon을 연상케 했습니다.

신들의 땅 로키

암반 터널을 지나는 빙하수　　　　　암반에서 표출되어 흘러내리는 빙하 폭포

　계곡을 따라 구불구불 나 있는 협곡 트레일을 걸었습니다. 엘크, 큰 뿔산양, 검정칼새, 다람쥐가 심심치 않게 등장하여 탐방객에게 볼거리를 제공합니다. '검은 곰과 갈색 곰도 가끔씩 출현하니 주의하라'는 경고문도 자주 눈에 뜨입니다. 로키에 처음 왔을 때는 야생동물과의 조우가 신기해서 숨죽이고 지켜보았습니다. 하지만, 워낙 자주 보이니 신비감도 둔해지고, 이들 야생동물들도 사람들을 그리 경계하지는 않는 것 같습니다. 서로가 눈치를 보며 바라보는 동안 친숙해졌다는 증거이지요. 그러나 로키 트레킹에 곰 스프레이와 곰 방울 지참은 필수입니다.

　경고문에 따르면 "곰 스프레이는 곰이 급작스럽게 달려들 경우 즉시 꺼내 쓸 수 있도록 허리춤에 매달아 놓고 다니라."라고 합니다. 특히 이 지역은 검은 곰 서식지이기에 그런 경고문이 눈에 종기가 돋도록 보입니다. 가끔씩 반대편에서 다가오던 탐방객이 "저곳을 지나던 곰을 보았

식사 삼매경에 빠진 큰뿔 산양

다람쥐와의 교제

도로가에서 산책 중인 산양 가족

느냐?" 하고 물으면 긴장이 더욱 고조됩니다

엘크와 큰뿔산양의 뿔 달린 두개골이 교육용으로 트레일 옆 공원에
전시되어 있습니다. 엘크 뿔이 멋있어 보이기에 힘껏 치켜올려 보았습
니다. 무게가 보통이 아닙니다. 그 무거운 녹용을 머리에 이고 활보하는
엘크나 큰뿔산양 힘이 대단해 보입니다. 트레킹 중에 그들을 불쑥 만

신들의 땅 로키

난다면 상당히 곤혹스러울 것 같습니다. 곰을 만난다는 것은 상상하고 싶지도 않습니다.

공원관리공단 관계자는 "동물과 사람 그리고 자연과의 공존은 앞으로 추구해야 할 중요한 과제."라고 하며, "야생동물에게 먹이를 주거나 절대 가까이 접근하지 말라."라고 경고합니다. 이 경고는 야생동물 보호뿐만 아니라 사람의 안전을 위해서도 충분히 이유 있는 수칙입니다.

야생동물이 사람과 마주할 때 이성적으로 접근하여 교양 있게 행동하리라는 상상은 큰 오산입니다. 그런 것은 어린이 TV 프로그램에서나 등장하는 이야기일 뿐입니다. 야생동물과 조우할 때 각별한 조심은 아무리 강조해도 지나치지 않습니다.

꼼꼼히 살피며 길이 2.5㎞의 계곡을 구석구석 둘러보고 여섯 개의 다리를 건너는 데는 3시간이면 충분합니다. 하지만, 두 차례나 협곡을 오르내리며 박물관 전시물 탐사하듯 살폈어도 자연이 선사한 그 무릉도원을 벗어나기가 쉽지 않습니다.

레인저 설명에 따르면 "겨울철에 협곡이 얼어붙고 물의 흐름이 중단되면, 계곡 깊숙이 파인 틈을 따라 협곡과 동굴 트레킹 탐사도 가능하고, 특히 고드름 매달린 얼음 폭포는 환상적."이라고 합니다. 나의 버킷리스트에 이번 겨울철에 찾아와 탐사해야 할 숙제 하나가 더 추가되었습니다.

떨어지지 않는 아쉬운 발길을 돌려 주차장으로 나왔습니다. 주차장 옆에 산장처럼 보이는 가게에 기념품점이 있기에 들어갔습니다. 기념품점은 딱히 살 품목이 없어도 한 바퀴 돌며 특산물이나 수공예품 구경하는 것은 재미있는 순례입니다.

다양한 전시품 중에 노발 모리스^{Norval Morrisseau}의 특이한 그림이 눈길을 사로잡았습니다. 말린 계곡에 감명받아 이곳에 거주하며 작품 활동을 했다는 노발 모리스가 남긴 그림은 강렬한 색채를 즐겨 썼던 피카소의 독특한 화풍을 연상시킵니다. 마음속으로 작품 속 작가와 사색의 산책을 하며 침묵의 대화를 나누고 싶었지만, 어둡기 전에 캠프그라운드로 발길을 서둘러야 했습니다.

송이버섯
이야기

며칠 전부터 내리기 시작하던 비가 오늘은 하루 종일 그치지 않고 추적추적 내립니다. 사방이 짙은 구름과 안개에 잠겨 앞도 잘 보이지도 않습니다. 비가 내리니 기온마저 뚝 떨어져 산에 오르기도 쉽지 않습니다. 그 아름답던 레이크 루이스조차도 짙은 구름에 가려 얼굴을 내밀지 않습니다. 천하의 로키도 비가 내리니 별 볼일 없습니다. 하루 종일 호텔 로비에 앉아 인터넷을 뒤적이며 시간을 보냈습니다.

문득 밴쿠버 아일랜드에서 사업하고 있는 지인에게서 카톡으로 전해 온 매력 있는 제안이 떠올랐습니다. "공해라곤 눈을 씻고도 찾을 수 없는 심산에서 따온 송이버섯 40kg을 냉장 보관 중이니, 와서 실컷 먹고 남는 것은 챙겨 가라."는 초대입니다. 예부터 "일능이! 이표고! 삼송이!"라 하지 않던가요! 솔향기 은은하고 식감 뛰어난 송이버섯은 능이, 표고와 함께 산이 인간에게 식용 선물로 내려준 3대 명품입니다.

그는 밴쿠버 아일랜드 북쪽 약 250㎞ 떨어진 포트 하디에서 살고 있습니다. 그 송이를 시식하려면 로키에서 차를 타고 서쪽으로 1,000㎞를 달려가서, 페리호를 타고 조지아해협을 건너 태평양 서쪽으로 2시간 나간 후, 다시 승용차로 갈아타고 북쪽으로 3시간을 올라가야 합니다. 초대에 응하고 싶은 마음 간절하지만 매우 잔인한 제안입니다.

신선들이 먹는 음식이라는 송이는 살아 있는 소나무 뿌리에 포자가 형성되어 자라는 식물입니다. 5부~7부 능선의 20~30년생 소나무 밑에서 잘 자라지만, 영양·습도·온도·기후에 민감합니다. 새벽 기온이 16도~17도 이하로 떨어지고 지표 온도가 일주일 이상 19도 이하로 지속될 때 포자에 균근을 형성해 싹을 틔운 후, 땅속을 비집고 슬며시 올라옵니다. 땅 위에 모습을 보인 후 3일 이내에 캐내야 최상품으로 대접받

캐슬산 트레일 안내 표지

송이를 닮은(?) 버섯

습니다. 3일이 지나면 썩습니다. 게다가 사람의 손을 한번 거친 후에는 성장을 멈춥니다. 그래서 금송이입니다. 양식 재배도 불가능합니다. 참 요물이지요.

다음 날 비가 갠 후, 송이버섯을 채취할 요량으로 캐슬산을 마주 보고 있는 파노라마 피크 숲속으로 들어갔습니다. 테일러 호수를 지나 산 내음 향기 진동하는 숲과 산은 싱그럽기 그지없습니다. 규암과 석회암 바위가 오랜 세월 빙하에 의해 침식되어 형성된 테일러 호수는 야외 노천극장 Ampitheater을 연상시킵니다.

초가을 비 내린 직후라서인지 트레킹을 하는 도중 길가에 버섯이 유독 눈에 자주 띄었습니다. 형형색색 헤아릴 수 없는 버섯들이 침엽수림 관목과 수풀 사이로 탐스러운 버섯 대를 경쟁하듯 올린 숲속은 버섯 농장인지 숲속인지 구분키 어렵습니다. 나무 아래에 납작 엎드려 있는 놈이 있는가 하면, 덤불 숲속에 몸체를 숨기고 숨죽인 채 숨어 있는 놈도 있고, 황홀하리만치 요염한 자태를 자랑스럽게 뽐내며 서 있는 놈도 있습니다.

낙엽송 그늘진 숲속에서 송이 비슷한 놈을 하나 발견했습니다. 아무리 신선들이 먹는 음식이라지만 요리조리 아무리 살펴봐도 식용인지 독버섯인지 여부를 가늠할 수 없습니다. 세상에 알아서 해가 되는 지식 없지만, 무지無智가 도움이 되는 경우는 더더욱 없습니다. 이럴 줄 알았으면 진즉에 버섯에 대해 공부 좀 해두는 건데….

버섯은 자루와 갓이 있는 균사체 식물로 칼슘, 나트륨, 마그네슘, 비타민A·B6·C·D가 풍부하고, 철분까지 함유한 거시균류 자실체로, 인류가 아주 오래전부터 자연과 함께 생활하면서 식용으로 사용해 왔습니다. 게다가, 콜레스테롤 수치를 낮춰 주고 인체의 면역 기능을 높여 주는 약리적 성분도 있다고 알려져 약용으로도 쓰입니다.

버섯이 만개한 파노라마 피크 트레일

버섯 중 일부는 수천 년 전부터 영험靈驗있는 약재로 전해져 왔습니다. 중국 진시황이 생전에 그토록 애태우며 구하고자 했던 불로장생초不老長生草는 우리나라에 자생하는 영지靈芝버섯으로 판명되었다 하지 않던가요! 그 '영靈' 자가 신통한 효과가 있다 해서 신령神靈 '영' 자를 씁니다.

김부식의 『삼국사기』에는 송이버섯이 식용 약재로 언급되어 있고, 『동의보감』에도 송이는 약재로 사용되며, 향이 뛰어나고 나무에서 나오는 것 가운데 으뜸으로 기술되어 있습니다. 미국과 러시아에서 영지버섯이나 상황버섯은 강장 기능과 항암 효과가 뛰어난 약재로 인정받아, 이들을 가공하거나 버섯에서 추출한 물질로 의약품을 만들어 치료제로 수출하기도 합니다.

로키산에서 흔히 보이는 야생 버섯은 서식 환경과 기후, 온도, 습도에 따라 다양한 형태와 모양을 가집니다. 우리나라 버섯에 비교하면 엄청나게 크고 종류도 훨씬 다양하지요.

버섯은 균사체菌絲體가 한 번 뿌리를 내려 버섯을 신장시키면 서식지에 어떤 특별한 환경 변화가 일어나지 않는 한 수십 년, 수백 년에 걸쳐 매해 같은 장소에 버섯을 증식시킵니다. 하지만 생명 주기가 무척 짧아 대부분이 돋아난 후 몇 시간 후면 부패해 버립니다. 뱀버섯 같은 경우는 새벽에 피어올라 아침이면 생을 마감합니다.

버섯 가운데 식감이 최고라는 능이버섯과 비슷한 놈이 자주 눈에 뜨입니다. 크기가 양 손바닥을 합쳐 놓은 것만큼이나 큰데, 모양이나 색깔은 영락없는 능이 같습니다. 평소 능이오리백숙을 먹어 보긴 했지만 실물을 본 적은 없습니다. 군침이 돌았습니다. 채취해서 시식하고

픈 마음 간절했지만, 그 색깔이나 외형만으로 식용인지 아닌지 구분할 자신이 없습니다. 싸리버섯이 영락없어 보이는 버섯은 특히 탐이 났습니다. 신 포도라고 여기며 지나치는데 무척 아쉬웠습니다.

야생 버섯을 먹고 중독 사고를 일으키는 사고가 매년 가을이면 되풀이 됩니다. 산을 잘 아는 산사람이거나 약초꾼들이 독버섯을 식용으로 잘못 알고 먹은 경우가 대부분입니다.

버섯 독은 강렬하고 치명적입니다. 구토와 설사를 일으키거나 정신착란을 일으키기도 하고, 미치게 하거나 심지어는 사망에까지 이르게 하는 경우도 있습니다.

능이를 닮은(?) 버섯

붉은알광대버섯, 사슴뿔버섯은 생화학 무기 제조 원료로 쓰일 만큼 독성이 강합니다. 멋모르고 독버섯을 먹거나 만져서는 절대 안 되며, 독버섯을 손으로 만진 후 얼굴을 닦거나 눈을 비비면 큰 화를 당할 수도 있습니다.

식용버섯, 약용버섯, 독버섯으로

싸리버섯과 흡사한 버섯

분류되는 수많은 버섯들은 어느 것이 약용이고, 어느 것이 식용인지, 또 어느 놈이 독버섯인지 확실하게 구분하고 채취해야 합니다. 흔히 예쁘고 색깔이 화려하다거나, 향이 강하다거나, 세로로 잘 찢어지지 않는 것은 독버섯으로 알려져 있지만 실상은 그렇지도 않습니다.

나무에서 자라는 것은 식용이라거나, 벌레가 먹은 것은 안전하다거나, 가열하거나 기름으로 볶으면 독성이 없어진다는 설도 그릇된 정보입니다. 같은 버섯이라도 환경과 기온에 따라 색깔과 모양이 달라집니다. 하기야 우리나라에 자생하는 버섯 종류만 해도 5,000여 종이 넘지만, 식용 가능한 것은 고작 200종에 불과하다지 않습니까?

버섯은 이름도 참 다양하고 재미있습니다. 싸리버섯, 팽이버섯, 목이버섯, 국수버섯, 이끼버섯, 고깔버섯, 찹쌀떡버섯, 꾀꼬리버섯, 살구버섯, 까치버섯까지는 들어줄 만합니다. 그러나 먹버섯, 혀버섯, 애기낙엽버섯, 다람쥐눈물버섯, 애주름버섯, 뱀껍질광대버섯, 노루궁뎅이버섯쯤 가면 머리가 어지럽습니다. 그에 비하면 동충하초冬蟲夏草는 한자어이기는 해도 근사한 이름입니다.

다음에는 산에 오르기 전에 최소한 버섯의 종류, 식용버섯과 독버섯 구분법은 꼭 알고 와야겠습니다. 그래서 사방에 피어오른 버섯 가운데 약용버섯만 채취해서 친구들에게 구워 주고, 삶아 주고, 한 아름씩 싸서 안겨 주어야겠습니다. 특히 몸이 약한 친구에게는 막 피어오른 싱싱하고 잘생긴 송이와 영지만 골라서….

그런데 어쩐다…. 국립공원에서는 "나무 한 그루, 풀 한 포기, 꽃 한 송이 꺾거나 상하게 하지 말라!"라고 합니다. 버섯은 식물임에 틀림없지

만, 풀 종류로 분류해야 하나, 꽃 종류로 분류해야 하나? 아님 균사체이
니 균(菌)으로 분리해야 하나?

　국립공원에서는 "모든 식물과 자연 물질이 법에 의해 보호되고 있다."
고 강조합니다. 내게는 그 많은 버섯이 그저 그림의 떡일 뿐입니다.

[이름 모를 버섯]

신들의 땅 로키

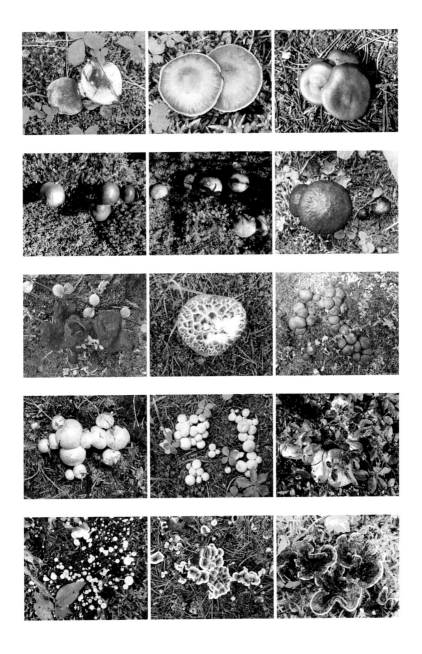

2

P A R T

· 신 들 의   땅   로 키 ·

11

귀천

보우 빙하 폭포

정상 도전의 아픈 시련

로키의 아름다움을 한마디로 표현하기는 어렵습니다. 그래도 그 가운데 가장 인상적인 것을 꼽으라면 서크 피크Cirque Peak 정상에서 바라본 로키 전경을 들겠습니다.

보우 호수 건너편에서 돌로밋 패스를 지나고 헬렌 호수 트레일을 따라 6~7시간 동안 땀 흘리며 산에 오른 사람에게만 그 진가를 보여 주는 서크 피크 전경은 로키에서 경험한 가장 감격적이고도 잊을 수 없는 체험입니다. 좋은 작품을 감상하기 위해서는 값비싼 입장료를 지불해야 하듯이, 자연이 펼치는 향연을 참관하기 위해 아내와 나는 값비싼 대가를 지불했습니다.

서크 피크는 보우 호수에서 11㎞가량 떨어진 서크 피크 정상에 있는 0.5평 남짓한 뾰족 바위입니다.[22] 보우 호수를 출발하여 헬렌 호수 트레일을 따라 3시간가량 트레킹하여 돌로밋 패스와 헬렌 호수를 지난 후, 호수 뒤편 돌산을 다시 2~3시간 가까이 중노동하듯 고되게 올라야 정상에 이르는 좀처럼 접근하기 쉽지 않은 바위산입니다.

서크 피크 정상에 올라서면 밴프에서 요호를 거쳐 재스퍼까지 로키 전경이 한눈에 들어옵니다. 정상에서 심호흡하며 바라보는 로키는 내가 지금까지 지구상에서 보았던 그 어떤 광경보다 감격적이고도 장엄한 파노라마였습니다. 마치 온 천하가 발아래에 엎드려 나를 주목하는 듯싶었습니다.

---

22 서크 피크Cirque Peak: 밴프 국립공원 보우 호수 맞은편에 있는 2,993m의 바위산. 밴프 방향으로는 돌로밋 피크가 지나가고, 재스퍼 방향으로는 실버혼산이 지나간다.

창조주의 오묘한 창조 걸작을 바라보면서, 며칠 전 이 봉우리 정상에 오르려다가 귀천할 뻔했던 아찔했던 사건이 악몽처럼 떠올랐습니다. "돌로밋까지 가는 트레일 주변 경관이 무척 아름답고, 서크 피크 정상에서 바라보는 로키 전경은 환상적입니다."라는 얘기를 모레인 호수 뒤편에 있는 웬크쳄나 패스 트레일Wenkchemna Pass Trail에서 만난 한국인 부부로부터 들었습니다. 그들은 충북대 교수로 아내 회갑을 기념하여 한 달 동안 로키를 트레킹 중이었습니다.

그들은 우리에게 "웬크쳄나 패스나 에펠산에 오를 수 있는 체력이면 서크 피크 정상에도 너끈히 오를 수 있으니 꼭 다녀오십시오." 하며 두 번씩이나 다녀올 것을 권유했습니다. 그런 말까지 들은 터에 아니 올라갈 수 없습니다. 버킷리스트에 담아 두고 기회를 엿보며 기다렸습니다.

서크 피크에 오르는 길은 보우 호수 맞은편 주차장에서부터 시작되는 헬렌 호수 트레일을 따라 올라가야 합니다. 며칠 후, 아내와 나는 서크 피크 등정에 나섰습니다. 등정에 나서는 길에 트레일 진입로에 있는 보우 호수와 주변 고든산·톰슨산·미스타야산·까마귀발산의 황홀한 정경에 취해 너무 많은 시간을 호수 주변을 어슬렁거리며 보냈습니다.

우리뿐만 아니라 이곳을 지나는 모든 사람은 아이스필드 파크웨이 도로가에 차를 세우고, 넋을 잃은 채 하늘보다도 더 푸르고 청아한 색조를 띠는 빙하 호수의 아름다움에 빠져 탄성을 지릅니다. 또, 날씨와 시간에 따라 시시각각 변하는 호수의 오묘한 색조와 호수 뒤편에 병풍처럼 서 있는 멋들어진 빙하산을 바라보며 감탄하기도 합니다.

오랜 시간 동안 보우 빙하와 까마귀발산 빙하수가 흘러내려 형성된

Wenkchemna Pass에서 서크 피크 정보를 알려준 한국인 부부 　보우 빙하 폭포와 넘티자 로지 진입로

보우 호수

보우 호수와 까마귀발산

호수는 바닥에 가라앉은 빙퇴석 돌멩이까지도 보일 만큼 투명하며, 호수 한쪽에서 플라이 낚싯대를 부지런히 던지던 낚시꾼이 무지갯빛 송어를 건져 올릴 때마다 주변 구경꾼들이 탄성을 쏟아내기에 그들과 신나게 잡담하느라 30분 가까이 시간을 허비했습니다.

또 수영복 차림의 젊은 남녀가 호숫가에서 선탠을 즐기고 있기에 그 낭만적 광경을 바라보느라 시간을 허비했으며, 호수 옆 빨간 지붕이 인상적인 넘티재 찻집에 들러 커피를 마시며 한담을 나누었습니다. 게다가 넘티재 찻집에서 5㎞ 떨어진 보우 빙하 폭포에 올라가 폭포의 눈부신 모습을 바라보며 감격하느라 서크 피크에 올라야 할 시간이 자꾸만 지체되었습니다.

더 이상 늦추어서는 안 되겠다 싶은 오후 1시가 넘어서야 헬렌 호수 트레킹에 접어들었습니다. 이정표에 돌로밋 트레일은 9㎞라고 표기되어 있었습니다. 왕복 18㎞라면 6시간이면 충분한 트레킹 거리라고 쉽게 계산했습니다. 돌아와야 할 시간을 따져 보니 조금은 여유가 있어 보였지만, 서둘렀습니다.

하지만 계산법이 다른지 구비진 길은 생각보다 훨씬 멀고 경사도 심했습니다. 주변 경치는 가쁜 호흡을 멎게 할 만큼 아름다웠습니다. 산 언덕에 로마시대 성처럼 우뚝 솟아 있는 돌로밋 패스의 웅장한 자태는 압도적이었지만, 더 이상 지체해서는 안 되겠다 싶기에 뛰듯이 산을 올랐습니다.

헬렌 호수는 생각처럼 크거나 아름답지는 않지만, 호수를 둘러싸고 있는 주변 배경은 웅장합니다. 보우 호수 뒤편 톰슨산과 까마귀발산 봉우리가 원시 자연의 원초적인 모습을 보여 주고, 멀리 밴프 국립공원의 눈 덮인 봉우리가 시야를 압도했지만, 서크 피크 정상까지 올라갔다 내려와야 할 시간을 계산하니 서두르지 않을 수 없었습니다.

헬렌 호수에 도착하니 시간은 이미 오후 4시를 넘어섰고, 정상에서 내려오는 트레커만 간간이 눈에 뜨였습니다. 헬렌 호수 뒤로는 거대하고 높은 암반 절벽이 도사리고 있고, 서크 피크 정상도 가시거리 내에 보였습니다. 아내는 시간이 충분치 않으니 다음날로 기약하고 내려가기를 재촉했습니다. 하지만 나는 진군하기로 마음먹고 아내를 앞세워 돌산 바위벽에 납작 붙어 바위를 기어올랐습니다.

거칠고 예리하게 깎인 바위 암반을 오르기는 생각보다 힘들고 위험했습니다. 40분 가까이 사투하듯 올랐습니다. 그런데 그곳에서 우리를 기다리는 것은 정상까지 급상승하는 것보다도 훨씬 경사가 심하고 험한 2.5㎞의 돌산이 기다리고 있었습니다. 이곳까지 쉬지 않고 4시간 동안 전력을 다해 질주하여 체력은 이미 쇠진하여 더 이상 오를 힘이 없는데, 앞으로도 족히 2시간은 더 올라가야 할 것 같았습니다.

되돌아가야 할 시간을 감안하니 더 이상 올라가서는 안 되겠다 싶었습니다. 나는 매사에 '판단은 정확하게! 결정은 빠르게! 행동은 신속하게!'의 신봉자입니다. 하산하기로 목표를 급히 수정했습니다.

산 중간 언덕에서 되돌아갈 길을 굽어보았습니다. 캐더린 호수를 지나는 빠른 지름길이 있는 듯싶었습니다. 당연히 지금까지 올라온 길이 아닌 직선 지름길을 택했습니다. 그 길 아닌 길에는 하늘 높이 솟은 돌로밋 패스 위용을 가까이에서 볼 수 있었고, 호수 밑바닥 바위까지 투명하게 보이는 듯했습니다. 그 누구도 지나간 흔적이 없어 보이는 처녀지였기에 더욱 발길이 끌릴 수밖에 없었지요.

나는 아내에게 "우리가 역사 이래 그 누구도 걸어본 적 없는 처녀지를 걷는 당당한 개척자!"라며 다소 긴장은 되지만 흥분된 기분으로 성큼성큼 걸어 내려갔습니다. 불안한 기색의 아내는 당당하게 앞장서는 남편을 따라오지 않을 수 없었을 것입니다.

1시간 가까이 기분 좋은 산길을 콧노래까지 부르며 황홀한 기분으로 내려왔습니다. 행복한 순간은 거기까지였습니다. 캐더린 호수가 끝나는 지점에서 호수 물은 돌로밋 패스 낭떠러지 절벽 아래로 흘러 떨어지고, 그 옆으로는 거대한 바위산이 도사리고 있었습니다. 길 아닌 길은 거기서 끝났습니다.

석양빛은 서서히 저물어 가고, 이리저리 방향을 살피며 길을 찾았을 때 우리는 가야 할 방향과는 상당히 다른 절벽 아래에 와 있다는 사실을 깨달았습니다. 1시간 후면 완전히 어둠에 잠깁니다. 급히 돌아서서 지름길처럼 보이는 방향으로 뛰었습니다. 거기서부터 당당했던 개척자의 험난한 고생길이 이어졌습니다.

발걸음을 돌려 다다른 곳은 또 다른 낭떠러지 절벽이었습니다. 멀리서는 완만하게 보였던 민둥산에 이렇게 깊게 파인 계곡과 절벽이 도사리고 있었다니…. 계곡과 절벽을 오르내리는 과정을 여러 차례 되풀이 반복하다 보니 더 이상은 한 걸음도 내디딜 수 없을 만큼 기력이 쇠하고 탈진했습니다. 눈을 들어 사방을 둘러보았습니다.

우리가 서 있는 돌로밋 패스 산중에는 우리 두 사람 외에는 아무도 없습니다. 태양은 서산에서 서서히 꼬리를 내리며 자취를 감추어 가고 있었습니다. 대피소도 보이지 않았습니다. 이 산중을 빠져나가야 할 거리가 10㎞는 더 남았는데, 이러다 귀천歸天하는 게 아닌가하는 불안감이 엄습해 왔습니다.

신들의 땅 로키

산행하다 실족사를 하거나 산을 벗어나지 못하고 생을 마감한 사람들이 머릿속을 번개처럼 스쳐 지나갔습니다. 고故 고상돈 님이 떠올랐습니다. 그는 한 시대를 풍미했던 산악인으로 한국인 최초로 에베레스트 정상에 오르는 쾌거를 달성했고, 1979년 알래스카 데날리산을 등정하는 데도 성공했지만, 하산 도중 불귀의 객이 된 산악인의 영원한 전설입니다.

다급히 배낭에 있는 물품을 꺼내 확인했습니다. 도움이 될 것 같지 않은 맥가이버 칼 1개, 생수 1병, 먹다 남은 빵 1개, 육포 몇 조각, 우비, 그리고 휴대폰이 전부였습니다. 당황한 아내는 얼굴이 새파랗게 질려 내 안중을 살피며 좌불안석입니다.

나는 가장으로서 냉정을 유지하며 침착하려 했지만 나 또한 불안하기는 마찬가지입니다. 최선의 방법은 다시 방향을 잃은 원점으로 올라가, 그곳에서부터 내려오는 길을 찾아가는 방법인 것 같았습니다. 한 시간 가까이 안간힘을 쓰며 내려왔던 길 아닌 길을 다시 거슬러 올라갔습니다.

드디어 잘못 내려왔던 지점에 도달하니 태양은 이미 사라진 지 오래고 사방은 어두움에 잠기기 시작했습니다. 맥이 다 빠져 버린 다리에서는 부들부들 경련이 일었습니다. 마음속으로 '침착'을 부르짖으며 휴대폰을 꺼내 라이트를 켰습니다. 등산화 끈을 다시 질끈 조여 맨 후 어두운 길을 더듬으며 달리고 또 달렸습니다.

로키의 밤은 칠흑같이 어둡습니다. 피곤에 찌들어 지칠 대로 지친 전신은 완전 분해되어 녹아내리는 것처럼 고통스러웠지만, 어두운 산중에서 걸음을 멈출 수가 없었습니다. 야간의 로키산에는 곰과 코요테,

산 사자가 자주 출몰합니다. 이들 짐승들은 달리는 물체는 자신의 먹잇감이 달아나는 것으로 인식하여 공격하는 습성이 있다고 합니다.

그러함에도 길을 찾았다는 안도감과 두세 시간 후면 주차장에 도달할 수 있을 것이라는 희망이 있기에, 맥가이버 칼을 꺼내기 쉬운 겉주머니에 넣고, 등산 스틱의 뾰족한 끝을 갑자기 출몰할지도 모를 산짐승 공격에 대비하여 앞 방향을 향해 곧추세우고, 이를 악물고 달리고 또 달렸습니다.

쉬지 않고 산길을 달리다 보니 멀리서 자동차 달리는 엔진 소리가 간간이 들렸습니다. 멀지 않은 곳에 차로가 있다는 사실이 조금은 안도감을 주었지만, 그러고도 한 시간 이상을 칠흑 같은 산길을 더듬어 내려와서야 RV를 세워 둔 주차장에 도착했습니다.

시침은 밤 11시를 가리키고 있었습니다. 전신은 나뭇가지에 긁혔고, 온 발가락에는 새빨간 피멍이 물들었지만 살아 나왔다는 안도감에 가슴속에서 뜨거운 기운이 울컥 솟아 올라왔습니다.

서둘러 산을 빠져나오면서 나는 3,000m 고지를 변변한 산행 장비 하나 제대로 챙기지 않고 올라갔던 무모함과 로키에 대한 경솔한 산행 태도에 깊이 반성했습니다. 로키처럼 큰 산에 오를 때는 온갖 경우의 수에 대비하여 철저히 준비하고, 겸손한 마음으로 산에 올라야 하며, 적어도 오전 9시 이전에 산행을 시작해서 늦어도 오후 6시까지는 반드시 하산해야 한다는 사실을 몸으로 뼈저리게 체험했습니다.

가정에서 가장이 의사 결정을 잘못하면 식솔들이 고통을 받으며, 나라의 지도자가 어리석은 의사 결정을 하면 전 국민이 고통을 골고루 나누어 짊어져야 한다는 평소의 지론을 그날 밤 뼈저리게 절감했습니다.

돌로밋 패스와 헬렌 호수 트레일 숲속 길

돌로밋 패스

헬렌 호수 트레일

신들의 땅 로키

시련을 딛고 다시 정상에

그로부터 10여 일 후 오전 9시, 우리는 다시 서크 피크 등정에 나섰습니다. 보우 호수 건너편 하늘조차 보이지 않을 만큼 울창한 숲속 터널 오르막길을 3시간 가까이 오르자 사면이 확 트이고 평평한 구릉지대가 나타났습니다. 야생화 향기 가득한 꽃동산은 정성 들여 가꾼 광활한 화원을 연상시켰습니다.

자연의 섭리는 참으로 오묘합니다. 씨 뿌리거나 가꾸는 사람 아무도 없는 야생에서 어찌 이리도 신기하게 형형색색 꽃 피워 향기를 내고, 열매를 맺어 다음 세대로 생명을 전하는지 경이로운 생명 현상이 탄복스럽습니다. 멀리 눈 덮인 산에서 밀려온 냉기 가득 머금은 대기는 코끝을 찌릿하게 자극했지만, 느낌만큼은 상쾌하게 다가왔습니다.

돌로밋 패스 트레일을 지나며 사방을 찬찬히 살펴보니, 로키의 여느 트레일에 비해 경치가 그리 아름다운 편도 아닙니다. 그러나 헬렌 호수를 지나 서크 피크에 오르는 길에는 지금까지 보이지 않았던 전혀 다른 세상이 보였습니다.

우리가 10여 일 전 생사의 경계를 넘나들었던 돌로밋 패스 트레일은 길이 사납고 험해 지금도 사람 접근을 허용하지 않는 듯싶습니다. 사방이 흰 눈과 빙하로 덮인 산야 속 저 멀리에는 보우 호수가 청록색 청아한 빛을 내뿜고, 맑은 호수에 투영된 눈 덮인 까마귀발산과 왑타 빙하, 그리고 푸른 하늘은 오색 향연을 엮어 내고 있었습니다. 밴프에서부터 가득 찬 설산 고봉의 위용과 요호 국립공원을 지나 재스퍼로 이어지는 산의 눈부신 향연은 대자연이 엮어 내는 한 편의 대 파노라마 서사시입

서크 피크 정상에 오르는
길가 돌 위에 핀 야생화

척박한 서크 피크에서
생존을 이어가는 마못

캐더린 호수(서크 피크 오르는 길에 바라봄)

보우 호수(서크 피크 오르는 길에 바라봄)

신들의 땅 로키

니다.

우리가 며칠 전 힘겹게 고생하며 기어올랐던 헬렌 호수 뒤편 돌산은 나무 한 그루, 풀 한 포기 자라지 않습니다. 서크 피크 전망대는 이 돌산에서 오른쪽으로 이어지는 길을 따라 거의 50도에 가까운 돌산을 두 시간가량 게처럼 기어올라야 시야에 나타납니다.

서크 피크 정상으로 오르는 길은 멀고도 험했습니다. 발을 한 발짝 움직일 때마다 작은 돌들이 '우르르' 소리를 내며 발아래로 굴러 떨어지고, 아무리 오르고 또 올라도 몸은 돌 무리에 밀려 내리고 미끄러지기를 반복했습니다. 매섭게 부는 세찬 바람은 몸을 가누고 서 있는 것조차도 힘들게 했습니다. 고산지대 특성으로 날씨는 맑았다가 흐리기를 되풀이하고, 때로는 차가운 비바람이 눈과 우박으로 변해 양 볼과 귓바퀴를 아프게 때리기도 했습니다.

입술이 새파래질 정도로 추운 날씨임에도 불구하고 짧은 반바지 차림의 젊은 여성 트레커들은 추운 내색을 전혀 드러내지 않고 산을 오릅니다. 여성들의 모성애 속에 내재되어 있는 정신력과 지구력이 남성들의 그것보다 훨씬 강인하다는 것을 반증하는 표시라고 생각됩니다.

나는 바위산을 오르다가 힘에 겨워 몇 번인가를 주저앉았습니다. 그러고는 여러 차례 절벽 아래 계곡을 힐끗 훔쳐보며 오르기를 포기하려고 했습니다. 그러나 여기까지 오르다가 사지를 넘나들며 고생했던 며칠 전의 일들이 악몽처럼 떠올랐습니다. 또 여기까지 오느라 힘들이며 땀 흘린 그동안의 수고를 생각하니 포기하기에는 너무 억울했습니다.

여기서 포기하면 지금보다 더 젊은 날이 내 생애에 다시는 오지 않을 것이며, 훗날 처음부터 다시 시작하기는 더욱 어려울 것이라는 생각에

까마귀발산 빙하와 벌처 피크

아이스버그 호수와 왑타 빙하

보박산

재스퍼 방면 멀리 보이는 포브스산, 콜롬비아산

서크 피크 동북쪽 데번산, 월링던산

서크 피크 동쪽(밴프 국립공원 방향)

신들의 땅 로키

자신을 향해 최면에 가까운 주문을 끊임없이 던졌습니다. "너는 할 수 있어!", "너는 할 수 있어!" 더구나 평소 체력이 나보다는 한수 아래라고 여겨 왔던 아내조차 나보다도 저 멀리 앞서서 절벽을 오르는데, 여기서 포기하는 것은 사나이 자존심에 비추어 용납할 수도 없는 노릇 아닌가요!

높이 솟아오른 사방의 산들은 온통 흰 눈으로 덮여 있고, 주변의 척박한 돌산은 나무 한 그루, 풀 한 포기조차 뿌리 내리는 것을 허용하지 않습니다. 2,700m 이상 고산에서는 식물이 차가운 비바람과 눈보라를 견딜 수 없기 때문이지요. 그런데 어디서 바람결을 타고 날아왔는지 이름 모를 야생화가 바위틈에 낮게 웅크리고 차가운 바람에 저항하듯 작은 꽃망울을 앙증맞게 피웠습니다.

매서운 바람이 생명의 탄생을 도저히 허용하지 않을 것 같은 돌 틈에서 꽃 피우고 열매를 맺어 다음 세대로 생명을 전하는 것입니다. 자연의 섭리와 생명의 신비에 경탄하지 않을 수 없습니다. 이 아름다운 광경을 바라다보니, 문득 십여 일 전 하늘 문을 두드리고 귀천할 뻔했던 일들이 주마등처럼 스쳐 지나가고, 자유로운 영혼으로 살다가 하늘나라로 돌아간 천상병 시인의 시 '귀천'이 입 속에서 저절로 읊조려졌습니다.

귀천

천상병

나 하늘로 돌아가리라
새벽빛 와 닿으면 스러지는
이슬 더불어 손에 손을 잡고

나 하늘로 돌아가리라
노을빛 함께 단둘이서
기슭에서 놀다가 구름 손짓하면은,

나 하늘로 돌아가리라.
아름다운 이 세상 소풍 끝내는 날
가서, 아름다웠다고 말하리라

천상병은 세상의 아름다움을 영혼으로 노래한 마음이 맑은 천재 시인이었습니다. 1930년 일제 치하 암울했던 시절에 태어나 군사정권에서 자신에게 찾아온 불행을 온몸으로 맞으며, 가슴 시리도록 해맑은 영혼으로 일평생을 안타깝게 살다간 시인입니다.

중학생 시절인 1949년 공상空想을 통해 일찍이 문단에 이름을 올리기도 했던 그는 워낙 술을 좋아하고 행동이 특별해서 기인奇人으로 불리기도 했습니다. 대학생 시절 한때 지도교수 집에서 머무른 적도 있는데,

어느 날 화장대를 보니 멋있게 보이는 병에 무엇인가 들어 있기에 양주인 줄 알고 꿀꺽 삼켰다고 합니다. 그런데 이상하게 향이 심해서 '역시 좋은 술은 다른가 보다'라고 생각했는데, 나중에 알고 보니 향수였다는 일화가 있을 정도로 술과 친구들을 좋아했다고 합니다.

그는 작품 활동을 하던 중 자신의 기이하고 자유로운 행적 때문에 서울 상대 4학년을 중퇴했고, 동백림 간첩단 사건에 연루되어 모진 옥고를 치렀습니다. 조사 과정에서 겪은 심한 고문으로 심신이 멍들었고, 고문과 오랜 감옥 생활 후유증으로 출감 후 한동안 정신병원 신세를 지는 아픔도 겪었습니다.

그는 질곡으로 얼룩진 시대의 아픔에 온몸으로 저항하면서도 맑은 동심에서 우러나오는 천진무구한 정신세계 심상을 주옥같이 아름다운 시어로 남겼습니다. 그가 남긴 시집『주막에서』,『천상병은 천상 시인이다』,『요놈 요놈 요 이쁜놈』등의 작품을 들여다보면, 물질적으로는 자유롭지 못할지라도 맑고 아름다운 영혼으로 살다가 하늘나라로 가는 것이 지고의 축복임을 깨닫게 됩니다.

서크 피크 정상에서 심호흡하고 천상의 정원을 다시 내려다보았습니다. 밴프, 요호, 재스퍼로 이어지는 세 개의 국립공원에 3,000m급 고봉 수백 개가 머리에 흰 눈을 가득 뒤집어쓴 채 발아래 도열해 있습니다. 전원 교향곡을 눈으로 보는 듯싶습니다. 이렇게 눈부신 광경을 언어로 구차하게 표현하기보다는, 눈을 지그시 감고 마음으로 다가오는 감동과 전율에 맡기는 편이 훨씬 좋겠다는 생각이 들었습니다. 불원간 그러나 언젠가 미래에 다가올 나의 귀천을 기다리며 나는 나지막이 읊조립니다.

아!

눈부신 햇살!

탄생의 비밀을 잉태하며 태어난

신들의 정원!

경탄스럽도록 찬란한

이 이름다움을,

나의 소풍 끝내는 날,

하늘에 가서 아름다웠다고 말해야지….

서크 피크 정상(2,993m)

신들의 땅 로키

12

온천 이야기

밴프 온천 박물관 동굴온천Cave and Basin과 온천수에 서식하는 검은 달팽이

따뜻한 물속에서 노는 것을 나는 참 즐겨합니다. 어머니 배 속에 있었을 때의 따뜻한 온기가 그립고, 그 기억이 나의 유전자 코드 속에 내재되어 있기 때문인가 봅니다. 수영은 제대로 배워본 적 없습니다. 그렇지만 어린 시절부터 물가에서 놀던 습관이 몸에 배어서인지 자유형·평형·접영·배영, 못 하는 수영이 없습니다.

언젠가 수영장에서 아내와 수영 시합을 했습니다. 형식을 가리지 않고 목적지에 빨리 도달하는 사람이 승자가 되기로 한 게임이었습니다. 아내는 다년간 수영을 익힌 베테랑이지만, 체력이 강한 남자를 당할 수 없습니다. 내가 당연히 이겼습니다.

심판관으로 참관했던 사람이 이렇게 말했습니다. "도착은 바깥양반이 빨리 했는지 몰라도, 수영하는 폼은 사모님이 훨씬 멋지네요!" 꼬집어 얘기하면 수영을 제대로 하지 못한다는 이야기입니다.

나는 매일 아침 6시 헬스클럽에서 간단히 운동하고, 온욕으로 몸을 부드럽게 한 후에 일과를 시작합니다. 밤새 이완된 몸을 따뜻한 욕조에 담그고 머리에서 발끝까지 부드럽게 한 후, 하루 동안 해야 할 일과 순서를 정하고 산뜻한 기분으로 시작하는 일과는 출발부터가 상쾌할 수밖에 없습니다.

'온천' 하면 일본이 먼저 떠오릅니다. 태평양 지구 화산대의 불안정한 지반 위에 놓여 있는 일본은 화산과 지진 활동이 활발해서 나라 곳곳에 온천이 산재해 있습니다. 또 섬나라이기에 기온과 습도가 높아 오래전부터 온천욕이 그들이 생활 속 문화로 자리매김했습니다.

그런데 일본인과 한국인 온천욕 행태에는 미묘한 차이가 있습니다. 일본 온천에도 남탕과 여탕은 엄밀히 구분되어 있습니다. 그러나 음양 조화를 중시하는 그들은 남탕과 여탕 위치를 매일 바꿔어 쓰는 경향이 있습니다. 전날 들어갔던 탕으로 다음 날 무심코 들어갔다가는 낭패스러운 일을 겪기 십상입니다.

북해도 Toya Sun Palace Hotel 사우나 온천은 1, 2층으로 구분되어 있고 매일 남탕과 여탕 위치가 바뀌는데, 2층에서 온천욕을 하는 날은 1층 여탕을 유리창 너머로 눈팅할 수도 있습니다. 나이가 들어서 호기심은 없지만, 가끔씩 산 너머 강촌 구경을 할 수 있어서 좋은데, 1층 동네도 2층 사정이 궁금한지 가끔씩 올려다보다가 먼발치에서 눈이 마주치면 서로 계면쩍게 웃으며 고개를 돌립니다.

규슈 지역에는 특이한 남·녀 혼용 노천 온천이 있습니다. 벳부 온천입니다. 유황 냄새 진동하는 진흙탕으로 유명한 남·녀 혼용 노천탕이지요. 한국에서처럼 대한의 남아답게 아무것도 가리지 않고 보무도 당당하게 활보하며, 이곳저곳 체험하고 눈팅도 눈치껏 하며 야릇한 온천욕 체험을 했습니다.

일본인들이 이상한 눈빛으로 쳐다보기에 뭔가 이상하다고 생각했지만, 남·녀 혼욕탕이기에 아주 클래식하게 샤워를 마치고 옷장으로 가는데 한구석에 한국어로 "수건으로 가리고 다니세요."라고 적힌 안내문이 보였습니다. 맙소사! 세상에…. 무척 당황스럽고 창피했습니다.

일본에서 목욕탕 청소나 관리는 남탕일지라도 주로 나이 많은 여성이 합니다. 옷을 홀렁 벗고 욕탕으로 들어갔다가 이들 여성을 발견한 외국인이 기겁하고 소리 지르며 튀어나오거나, 타월로 은밀한 곳을 감싸고 숨을 곳을 찾는 경우를 나는 자주 목격했습니다. 민망하지만 키득키득 웃으면서….

신들의 땅 로키

재미있는 사실은, 우리는 옷을 벗고, 온천장 문을 열고 들어갈 때부터 문을 활짝 열고, 보무도 당당하게 활보하며 들어갑니다. 그러고는 입식 샤워기를 "쫘" 소리 나게 틀어 놓고 물을 튀기며 한바탕 샤워한 후, 탕 안으로 점핑하듯 뛰어들어가 뜨거운 물을 휘휘 저으며 "아! 시원하다."를 연신 외칩니다.

일본인은 중요 부위를 살짝 가리고 출입문을 살그머니 열고 조용히 들어갑니다. 우리처럼 샤워기를 "쫘" 틀어 놓고 서서 샤워한다거나, 탕 안에서 풍덩거리며 물방울 튀기는 것을 본 기억이 별로 없습니다. 그들은 탕 안에서도 머리 위에 수건을 올려놓고 눈을 감고 조용히 숨죽이고 앉아 있습니다. 어느 때는 탕 안에 있는 일본인이 너무도 조용해서 그들 심장이 멎은 것은 아닌지 조심스럽게 힐끗 훔쳐보기도 합니다.

온천은 인류가 정신적·육체적 치료 방법으로 오랫동안 활용해 왔던 웰빙 수단입니다. 고대문명을 일으키고 세계를 지배했던 로마시대에도 대중목욕탕과 온천이 널리 애용되었습니다. 프로로마노 광장이나 나폴리, 독일, 프랑스, 심지어 지중해 최강국으로 군림했던 북아프리카 카르타고에도 그 흔적은 면면히 남아 있습니다.

온천에는 여러 가지 약리적 성분이 포함되어 있어 전염병을 줄이고 질병을 억제하거나 환자를 치료하는 놀라운 효능이 있습니다. 고대 로마인이 다른 유럽인에 비해 전염병에 걸리지 않고 건강하게 살 수 있었던 요인 중 하나도 목욕 문화 발달에 있었다는 연구도 있습니다.

우리가 목욕 또는 욕조로 사용하는 용어 'Bath'는 영국 남서부 서머셋 카운티Sumerset County에 있는 도시 이름입니다. BC 863년부터 켈트족

이 사용하기 시작했고, AD 50년경 로마 장군 줄리우스 시저^{Gaius Julius} Caesar가 영국 원정 후에 건설한 이 도시는 로마 군인의 군 주둔지이자 휴양소이며 부상자의 치료소로 사용되었습니다.

2,000여 년 전부터 사용되었던 온천 시설이 거의 원형 그대로 보존되어 있고, 현재까지도 남아 있는 온천 시설 규모와 화려함에 놀라지 않을 수 없습니다. 지금도 졸졸졸 흘러나오는 온천수에는 42종류의 미네랄이 함유되고 있어 피부병·골절·경화증 치료에 효과가 있으며, 당시에도 온천수를 이용한 냉·온욕 시설이 분리되어 있었고, 돌을 달군 사우나와 휴게실이 존재했다고 합니다.

지금 기준으로 생각한다면 고급 호텔에 대형 사우나와 휴게 시설을 갖춘 휴양·치료 시설인 셈이지요. 이 Bath라는 이름이 오늘날 세계 모든 나라의 욕조나 목욕과 관련된 용어로 쓰이고 있으니, 우리도 시저 장군 덕에 조금은 편승하고 있는 셈입니다.

현재 지구상에서 물과 땅이 끓어오르는 노천 온천의 2/3는 미국 옐로스톤 국립공원에 있습니다. 공원에 들어서면 유황 냄새가 진동하고 이곳저곳에서 흙과 물이 부글부글 끓어 안개가 자욱하며 온천수가 하늘 높이 솟구쳐 오릅니다.

1980년 5월 18일, 옐로스톤 근교 캐스케이드 화산대[23]에 속하는 세인트헬렌산에서 화산이 폭발했습니다. 57명이 사망하고 10억 달러의

---

23 북아메리카 BC주에서부터 워싱턴주, 오리건주, 캘리포니아주 북부까지 이어지는 폭 100~135㎞, 평균 고도 2,000m의 고산지대. 이 고산지대에는 레이니어산(Mt. Rainier, 4,392m), 베이커산(Mt. Baker, 3,286m), 후드산(Mt. Hood, 3,472m), 세인트헬렌산(Mt Saint Helens, 2,549m), 글래치어 피크(Mt. Glacier peak, 3,213m) 등 성층 화산지대가 이어져 있다. 특히 워싱턴주 시애틀의 올림픽공원과 오리건주 리노Reno에는 훌륭한 온천이 많이 분포되어 있다.

미국 옐로스톤 국립공원에서 솟아오르는 온천 분수

미국 옐로스톤 국립공원 땅속에서 끓어오르는 온천수

재산 손실을 끼쳤으며, 산 높이가 2,950m에서 400m나 날아가고 주변 약 2억 평은 처참하리만큼 초토화되었습니다. 화산 폭발 당시 위력이 얼마나 심각했던지 주변 일대는 며칠 동안 암흑 천지였습니다. 화산재는 아이다호주·와이오밍주·몬태나주·다코타주·콜로라도주까지 퍼져 나갔고, 시애틀 하늘도 며칠 동안 새까맸습니다.

그런데 지금도 캐스케이드 화산대 지표면 아래에는 어마어마하게 큰 마그마가 뜨겁게 활동 중이라고 합니다. 이 일대에서 화산이 다시 폭발한다면 지구상의 모든 생명체가 위태로울 만큼 가공할 잠재력을 지니고 있다고 합니다.

지진이나 화산 폭발과 관련된 영화도 여러 편 제작되었습니다. 전제가 다르기는 하지만 영화 〈2012〉는 지진과 캐스케이드 화산 폭발 그리고 지구 멸망 순간까지 계속되는 인간의 탐욕을 비판하며, 지진과 화산 폭발의 가공할 위력을 경고합니다.

영화 〈백두산〉도 소형 화산 폭발에 이은 엄청난 규모의 화산 폭발을 막기 위해 백두산 근처 지하 갱도에 소형 핵탄두를 투하하는 필사적인 노력을 그린 영화입니다. 영화는 허구를 통해 만들어졌다 할지라도, 인류 역사 이래 모든 과학과 문명은 상상을 모태로 발전해 온 점에 비추어 영화 내용은 공포를 넘어 전율케 합니다.

2004년 인도네시아를 휩쓸었던 쓰나미나 2011년 3월 일본 센다이를 덮쳤던 자연재해의 가공할 위력을 생각할 때마다, 나는 인간이 쌓아 온 빛나는 지식이나 위대한 업적도 자연재해 앞에서는 별다른 효력을 발휘하지 못한다는 생각에 안타깝습니다. 자연의 거대한 물리적 위력 앞에 인간은 보다 겸손하고 솔직하고 심사숙고해야겠다는 생각이 들지 않을 수 없습니다.

캐나다 최고 온천은 밴프
국립공원에 있는 밴프 온천이라
는 게 정설입니다. 로키에는 밴
프, 재스퍼, 쿠트네이 세 곳에
온천이 있습니다.[24]

로키산과 BC주가 만나는 접경
지역에도 수많은 온천이 있고,[25]
이 온천들은 캐스케이드산맥을
따라 몬태나주와 워싱턴주를 거
쳐 오리건주까지 점점이 이어져
있습니다.

밴프에 있는 케이브 앤 베이슨
동굴 온천은 1885년 로키가 국

로키의 온천 지도

립공원으로 지정되고 국가적 휴양지로 떠오르는 데 지대한 역할을 했
습니다. 설퍼산 동굴 속에서 솟아나오며, 황산염·칼슘중·탄산염·마그
네슘·나트륨 등 미네랄 성분이 풍부한 이 온천은 빙하기 시대 이후부
터 수천 년 동안 인근 지역 원주민들이 이용해 왔으며, 신비한 약리적
효능으로 인해 신성한 장소로 인식되어 왔습니다.

---

24 로키산 안에 있는 온천: 밴프 국립공원에 Banff Upper Hot Springs, 재스퍼 국립공원에
Miette Hot Springs, 쿠트네이 국립공원에 Radium Hot Springs 온천이 있다.

25 로키산과 BC주가 만나는 접경지대에 있는 온천: Harrison Hot Springs, Fairmont Hot
Springs, Level Hot Springs, Lussier Hot Springs.

유황 냄새 진하게 풍기는 이 온천은 1883년 캐나다 대륙횡단철도를 건설하던 세 명의 철도 노동자들에 의해서 우연히 발견되었고, 온천수의 약리적 성분이 확인되면서 세상에 널리 알려졌습니다.[26] 땅속 동굴 안에 존재해서 사다리를 타고 내려가야 했던 케이브 앤 베이슨 온천에 사람들이 모여들기 시작했고, 로키산 비경을 보기 위해 전 세계로부터 사람들이 몰려오면서 호텔과 휴양 시설이 들어서 현재의 밴프 온천으로 발전하는 모체가 되었습니다.

지금도 수질 좋은 온천수가 땅속에서 보글보글 끓어오르는 케이브 앤 베이슨 동굴 온천은 현재 국가 사적지로 지정되어, 밴프 국립온천 휴양지 역사 자료를 전시해 놓은 박물관이 되었습니다. 밴프 스프링스 호텔과 설퍼산 사이에 있는 밴프 온천은 동굴 온천 규모를 확장하고 시설을 현대화하여 새로 이전한 것입니다.

빅토리아산 아래에 있는 6개의 빙하평원을 10시간 동안 트레킹한 후, 지친 몸을 이끌고 밴프 온천을 찾았습니다. 밴프 최고 휴양지인 밴프 스프링스 호텔 뒤에 있는 이 온천은 입구에 도달하는 순간부터 온천수 특유의 비릿한 유황 냄새가 풍겨 나왔습니다. 시설은 깨끗했고, 샤워와 라커 시설도 훌륭했습니다.

그러나 밴프 온천은 온천탕이라고 하기보다는 차라리 야외 수영장이라고 해야 적절할 것 같습니다. 남녀노소 모두 수영복을 입고 온천탕에 있거나, 벤치에 앉아 일광욕을 즐기는 모습은 아늑한 온천장을 기대했던 모습과는 사뭇 달랐습니다. 주변에 가문비나무와 삼나무가 하늘 높

---

26 1881년부터 1885년 사이에 BC에서 동부 캐나다까지 로키를 통과하는 캐나다 퍼시픽 철도가 건설되었다. 태평양에서 그레이트 레이크까지 4,466㎞를 횡단하는 이 철도는 125년 전 캐나다가 서쪽까지 영토를 확장할 수 있는 원동력이 되었다. 이 철도는 당시 철도 노동자들인 Frank McCabe, William McCardell, Tom McCardell에 의해 우연히 발견되었다.

이 솟아 있어 풍치는 아름답지만, 멀리 캐스케이드산과 런들산 회색 바위 봉우리가 벗겨진 채 몰골 흉한 속살을 훤히 드러내고 있습니다.

온천에서는 온탕과 냉탕을 오가며 냉·온욕을 번갈아 즐겨야 제맛입니다. 그런데 밴프 온천은 냉탕은 없고 차가운 물이 나오는 샤워기만 놓여 있습니다. 밴프의 저녁 외기는 몸이 오싹할 만큼 차갑습니다. 세계 각지에서 온 각양각색 사람들이 온탕에서 나와 냉 샤워를 맞으며 자신들 모국어로 호들갑 떠는 표정이 꽤나 재미있습니다. 어느 순간 밤하늘을 가르며 "쏴" 하고 소나기가 쏟아졌습니다. 따끈한 온천탕에 몸을 담그고 차가운 소낙비를 맞으며 야외 온천을 즐기는 것도 이색적인 체험입니다.

온천장에서 수영복을 입은 선남선녀들의 매끈한 몸매를 구경하는 것은 또 다른 흥미진진한 구경거리입니다. 수영복은 역시 젊은 사람이 입어야 멋지다고 생각됩니다. 그 친구들을 바라보면 세계 미녀 선발대회나 육체미 대회에서 왜 수영복 심사를 고집하는지 그 이유가 충분히 이해됩니다.

미엣 온천은 재스퍼 동쪽 73㎞ 산속 포카혼타스^{Pocahontas} 원주민 마을에 있는 미네랄 온천입니다. 나는 이 온천을 롭슨산 등산길 42㎞를 13시간 동안 트레킹한 다음 날, 기진맥진한 몸으로 찾았습니다.

석탄 광부인 포카혼타스인들이 1919년 따뜻한 물이 솟구치는 이곳에 통나무로 야외 구조물을 만들면서 온천으로 이용하기 시작했는데, 1960년대 이전까지는 일반인에게 거의 알려지지 않았습니다. 1960년대 이후 관광객이 늘어나면서 현재의 온천장과 온천 시설로 발전했습니다.

1883년 태평양 철도 노동자에 의해 발견된
밴프 동굴 온천Cave and Basin

밴프 온천

재스퍼 미엣 온천장 입구

미엣 온천

쿠트니 온천에서

쿠트니 라듐 온천

신들의 땅 로키

땅속에서 솟아나오는 섭씨 54도의 온천수에 찬물을 희석하여 39도의 온도를 유지한다고 하는데, 물 온도가 따끈하지는 않지만 그래도 이 온천장에는 온탕, 저온탕, 냉탕이 있고 사방이 확 트여, 밤늦게까지 냉·온탕을 오가며 북극성과 오리온자리 별을 헤아리는 재미가 있었습니다. 고된 산행을 하거나 격한 운동을 한 후에는 따뜻한 온천욕보다 더 좋은 피로 해소 방법이 없다고 생각됩니다.

라듐 온천은 쿠트니 국립공원 입구에 있는 휴양 시설을 갖춘 제법 큰 온천입니다. 시설도 세 곳 가운데 가장 규모가 크고, 현대식으로 잘 지어져 있습니다. 수천 년 전부터 이곳에 거주하던 원주민들이 치료와 힐링, 그리고 영적 수련 장소로 사용되어 온 이 온천은 어린이용 풀장에서부터 수심이 깊은 온천에 이르기까지, 섭씨 42도의 온탕에서부터 29도의 수영장과 다이빙대에 이르기까지 갖가지 시설이 골고루 갖추어져 있습니다.

온천수에는 칼슘·마그네슘·규소 등 다양한 무기물이 함유되어 있음에도 냄새는 거의 느껴지지 않습니다. 혈액과 근육 관련 질환에 효험이 있다고 알려져 있는데, 93번을 지나는 도로가에 있어 접근하기 쉽고 누구나 부담 없이 찾아와 편하게 즐길 수 있어 좋습니다.

사람은 자신의 자아가 실현되었다고 느낄 때, 맛있는 음식을 먹을 때, 남으로부터 인정받고 존중받을 때가 가장 행복하다고 합니다. 그런데 온천에 온 사람들 표정을 살펴보니 어린이든 어른이든 남녀노소를 불문하고 모두가 다 싱글벙글 입을 다물지 못하고 행복해합니다. 따뜻한 온천탕 안에 몸을 담그고 있을 때 모태 안에 있는 것 같은 안

락함과 행복감이 느껴지기 때문이 아닐까 생각됩니다.

세계에서 최고로 수질 좋은 온천은 독일 남서부 바덴뷔르템베르크 주 바덴바덴Baden-Baden에 있는 프리드리히Fredrich 온천입니다. 프리드리히 온천은 2,000여 년 전 로마시대 때부터 휴식과 질병 치료를 위해 사용되어 온 역사를 가진 온천 휴양지로서, 로마 카라칼라 황제가 찾아와 즐겼을 만큼 명성 높은 온천입니다.

북미에서 최고로 수질 좋은 온천은 미국 몬태나주 핫 스프링스에 있는 핫 스프링스 온천을 꼽습니다.[27] 로키산맥이 지나는 길에 캐나다 로키에 인접해 있는 핫 스프링스 온천은 마을 입구에 들어서는 순간부터 유황 냄새가 온 마을에 진동하고 더운 기운이 느껴져, 시설은 허술할지라도 범상치 않은 곳임을 암시해 줍니다. 오랫동안 지역 원주민들이 신비스러운 영험과 치유 효과가 있는 장소로 인식하고 사용해 왔던 노천 온천에 1928년 사이머스 호텔이 세워지면서 온천으로 재개발되었습니다.

몬태나 주정부가 의료용 온천으로 인정했을 만큼 약리적 성분이 뛰어난 이 온천은 각종 미네랄 성분과 유황 성분이 풍부하고 수질이 매끈하며 신경계질환, 근·골격계질환, 관절질환, 위장질환, 수술 후유증 치

---

[27] 세계 최고로 수질 좋은 온천은 독일 바덴바덴에 있었으나, 무슨 이유에서인지 폐쇄되어 지금은 몬태나주의 핫스프링스 수질이 가장 좋은 온천으로 알려져 있다. 몬태나주가 공인한 핫스프링스Hot Springs의 성분: 수온 화씨 102도, Silica 66.1mg/L, Calcium 0.71mg/L, Magnesium 0.10mg/L, Sodium 92.8mg/L, Potassium 1.66mg/L, Carbonate 48.06mg/L, Bicarbonate 91.71mg/L, Sulfate 10.32mg/L, PO Box 651-209, Wall St, Hot Springs, MT 59845
www.symeshotsprings.com

료에 탁월한 효과가 있다고 알려져 미국 전역에서 소문을 듣고 찾아온다고 합니다.

친구 제의로 몬태나에 있는 로키 빙하 국립공원에 갔다가, 그 친구와 함께 일주일 동안 이 온천에 머무르며 온천의 묘미를 만끽했습니다. 3개의 야외 원탕과 수영장이 있는 유황 냄새 진동하는 이 온천에서 따끈한 온천수에 몸을 담그고, 북두칠성과 은하수 길을 따라가며 마음껏 상상의 나래를 펴는 것도 여행의 묘미 가운데 하나입니다.

온천 가운데 캐나다에서 최고 온천을 들라고 하면 나는 알래스카 고속도로가 지나가는 유콘주와 BC주 접경 리어드 주립공원 숲속에 있는 리어드 주립공원 노천 온천Leyard Provincial Park Hot Spring을 들겠습니다.

리어드 주립공원 노천 온천은 온천수가 지표면에서 표출하여 노천탕으로 흘러 들어와 물의 온도가 한국인들이 좋아할 만큼 뜨겁습니다. 그뿐만 아니라 수질도 우리나라 사람들이 선호하는 매끈한 유황천입니다. 2년 전 알래스카를 다녀오는 길에 숲속에 있는 이 노천온천에 들른 적이 있습니다. 유황 냄새 진동하는 숲속 노천탕에 몸을 담그고 밤늦게까지 밤하늘에 빛나는 수많은 별들을 헤아리고 있노라니, 별나라 온천탕에 초대받은 느낌이었습니다. 곰이 가끔씩 출몰하여 어슬렁거린다기에 무시무시하기는 했지만⋯.

온천의 백미는 누가 뭐라 해도 세상 온 천지에 흰 눈이 쌓이고, 하늘에 별이 총총 떠 있을 때의 겨울 야외 온천입니다. 뜨거운 온천에 몸을 푹 담그고, 차가운 대기에 머리를 내놓고 있으면 영감 넘치는 생각들이 저절로 떠오를 것 같습니다. 올겨울에는 캐나다가 자랑하고,

북미 최고의 핫스프링스 온천

리어드 주립공원 온천

세계인들이 격찬하는 밴프에 다시 와서, 눈 덮인 로키 설경을 바라보며 온천욕을 즐겨야겠습니다. 누가 아는가요! 온천탕 안에 몸을 담그고 있는 동안 세상 사람이 깜짝 놀랄 위대한 묘안이나 생각이 떠오를지…

존스턴 캐니언

캐니언 계곡 입구로 들어가는 철제 다리

신이 정교한 솜씨로 조각해 놓은 듯한 존스턴 캐니언! 이 캐니언은 말린 캐니언과 더불어 로키 캐니언 가운데 탐방객이 가장 많이 찾는 명소입니다. 캐슬산 뒤편에 있는 헬레나 피크와 이쉬벌산 사이 계곡에 있는 존스턴 캐니언은 밴프타운에서 보우밸리 파크웨이 북쪽 20㎞ 숲속 협곡에 감추어진 듯 숨어 있습니다.

보우강을 따라가며 일직선으로 뻗어 있는 보우밸리 파크웨이는 드라이브하기에 참 기분 좋은 도로입니다. 곧게 뻗은 보우밸리 파크웨이 양옆으로는 울창한 침엽수림이 일렬로 늘어서 있어, 그 길을 지날 때면 마치 로마시대 개선장군 옥타비아누스^{Octavianus G. J. Caesar}가 마차를 타고 로마 시내로 입성할 때 환영 인파 사이로 진군하는 개선식에 참가하는 느낌입니다.

한적한 보우밸리 파크웨이를 따라가다가 존스턴 캐니언 캠프그라운드를 지나 차들이 도로 양편에 빼곡히 주차된 모습이 보이면, 인근에 존스턴 캐니언이 있다고 이해하면 됩니다. 캐니언 주차장은 주차 공간은 넉넉한 편이지만 이 캐니언이 워낙 인기 높고 찾는 이가 많은 관계로 아침 8시부터 포화 상태가 됩니다.

주차 수요가 많으면 주차장도 넓히는 것이 시장경제의 상식입니다. 허나, 캐나다 사람들 생각은 우리와 기준이 다른가 봅니다. 환경 보존을 우선시하는 그들에게 주차장 확대는 환경 파괴로 인식되기 때문입니다.

그런 이유 때문인지 로키의 주거환경과 도로, 주차장 모습은 20년 전이나 지금이나 변한 것이 거의 없습니다. 아침 8시 이전에 도착하거나 오후 늦게 오지 않는 한 도로변 신세를 질 수밖에 없습니다. 도로변에 주차된 차량에 주차위반 티켓을 부과하지 않는 것만 해도 감사해야 할 따름입니다.

트레일 입구는 주차장으로부터 멀지 않습니다. 트레킹 거리도 5.6㎞밖에 되지 않습니다. 그래서 시간이 충분치 않으나 보고싶은 곳 많고 발걸음 바쁜 여행자들이 반나절 코스로 찾기에 적절합니다.

트레킹 백미는 시냇물이 흐르는 계곡을 따라 수많은 협곡과 폭포를 감상하며 산책하는 것입니다. 폭포가 흐르는 절벽 험로에 철제 다리와 난간이 설치되어 있고, 오르내리는 굴곡도 그리 심하지 않아 노약자는 물론 어린이를 동반한 부모 모습도 자주 눈에 뜨입니다.

트레킹 하다 보면 어린이를 배낭 위에 태우고 산에 오르는 젊은 엄마 아빠들 모습이 자주 눈에 뜨입니다. 로키 관광에 남녀노소 차이가 있을 수는 없습니다. 하지만, 생후 1개월도 채 안 되어 머리조차 가누지 못하는 어린 아기를 가슴에 안고, 기린처럼 머리를 쫑긋 세우고 두리번거리며 활보하는 젊은 부모들을 만날 때마다 명소 탐방에 대한 호기심과 휴가에 대한 기대는 우리보다 훨씬 더 크다는 점을 깨닫게 됩니다.

이들을 보면서 호기심이 발동하여 지나는 젊은 부모들에게 가끔씩 물어보곤 합니다. "생후 몇 개월이 되었나요?" 생후 2주 된 푸른빛도 채 가시지도 않은 갓난 핏덩이를 안고 온 부부를 만난 적도 있습니다. 가히 금메달 감입니다.

캐니언 입구 명물인 아이스크림 가게를 지나다가 아이스크림을 사서 한 입 베어 물었습니다. 아이스크림이 먹고 싶다기보다 로키 공원 입구 가운데 유일하게 아이스크림 파는 곳이기 때문입니다. 과일 향의 달콤한 아이스크림이 목에 미끄럼을 탄 듯 넘어갔습니다. 하늘을 가릴 듯 높이 솟은 나무가 무더운 여름을 무색하게 할 만큼 뜨거운 햇빛을 가

신들의 땅 로키

캐니언 입구 주차장

캐니언 안내 입간판

낮은 폭포 오르는 협로

낮은 폭포

려 주지만, 계곡 물소리와 폭포 소리 이외의 평온한 풍경은 시곗바늘이 멈춘 세계로 잠입해 들어온 듯합니다. 빙하의 해빙, 바위산 침식, 빙하 계류가 빚어낸 협곡 앙상블은 전위예술입니다. 인고의 세월을 흐르는 동안 깎이고 다듬어진 바위는 정교한 조각품이 되었고, 암벽과 협로를 흐르는 계류는 무릉도원을 연상케 했습니다.

트레일 입구에서 낮은 폭포Lower Halls까지 거리는 1.1㎞입니다. 계곡 경치를 감상하며 협곡을 지나는 데는 달팽이처럼 꾸물거려도 30분이면 충분합니다. 좋은 경치 앞에 모든 사람들은 쉽게 감동하나 봅니다. 낮은 폭포Lower Falls 오른쪽으로 계곡을 건너는 철제 다리가 놓여 있고, 많은 사람들이 다리 위에서 카메라를 곁에 있는 모르는 사람에게 선뜻 넘겨 주고는 폭포를 배경으로 진귀한 포즈를 연출하며 사진 촬영을 부탁합니다.

연청색 물줄기를 마구 토해내는 낮은 폭포의 힘은 거셉니다. 폭포 오른쪽으로 오랜 세월 동안 빙하수가 흘러 만들어진 동굴 입구가 보입니다. 동굴 안으로 들어서자 바위틈으로 세차게 흐르는 폭포수와 우렁찬 폭포 소리가 고막을 울리고, "쏴" 소리 내며 쏟아져 내리는 폭포수 줄기가 바람과 포말을 일으켜 온몸과 얼굴을 세차게 때렸습니다.

캐슬산 뒤에 있는 힉슨 피크 빙원에서 발원한 빙하수는 진흙과 석회암 암반 조각이 섞여 회색빛을 띠지만, 계곡을 흐르는 사이에 침전·정화되고 빛에 산란되어 연청색 에메랄드빛을 띱니다. 마술가의 손을 거치면 새로운 피조물로 바뀌어 보이듯, 이 옥수는 계곡과 강을 지나 바다로 빠져나가는 동안 변화를 이끌어 내고 새로운 세상을 만드는 창조의 주역이 됩니다.

어퍼 폭포로 오르는 중간에 있는 폭포

낮은 폭포에서 어퍼 폭포Upper Falls로 향하는 트레일 2.6㎞에는 크고 작은 폭포가 연인의 귓가에 속삭이듯 졸졸졸 흐르다가도, 때로는 성난 곰처럼 포효를 내며 흐릅니다. 새끼 잃은 어미 곰의 울음소리를 들어본 적이 있나요? 애끓는 소리는 천둥처럼 산을 울리고 숲을 긴장케 합니다. 협곡과 계류에는 고사한 통나무들이 어지럽게 널브러진 채 방치되어 있습니다. 산길과 호수나 물이 흐르는 계곡에서 흔히 보이는 모습이지요. 통나무를 그대로 방치함은 자연을 있는 그대로 보여주기 위함이라고 합니다.

어퍼 폭포로 향하는 협곡

캐니언 숲에서 본 하늘

신들의 땅 로키

어퍼 폭포

모레인 레이크에서도 산에서 빙하수를 따라 흘러온 수많은 통나무가 호수 위에 둥둥 떠 있는 모습을 본 적이 있습니다. 어느 날 한 젊은 탐방객이 호수 전망대에 오르기 위해 길 아닌 통나무 위를 곡예 하듯 건너뛰다가 호수에 빠져 허우적거리는 모습을 보고 안타깝기도 하고 우습기도 했던 기억이 떠오릅니다. 여름일지라도 호수 물은 꽤나 차갑던데….

공원 레인저 말에 따르면 로키의 대부분 트레일 코스는 겨울에는 운영되지 않지만, 존스턴 캐니언 트레일과 말린 캐니언 트레일은 개방된다고 합니다. 여름에 비해 겨울 캐니언 풍경은 환상적이라고 하더군요.

도로에서 접근성이 좋고 트레킹 루트가 쉬우며 물방울 입자가 기하학적 형태로 얼어붙은 얼음 폭포가 절경을 이루기 때

Inkpots 안내문

문이라는 설명입니다. 겨울의 얼음 폭포와 협곡이라⋯. 상상만으로도 발걸음이 가벼워집니다. 이열치열以熱治熱이면 이한치한以寒治寒하는 방법도 있습니다.

　나는 친구들과 1990년 이래 매년 1월 2일 산에 올라 겨울 산행을 하며 신년 구상과 다짐을 해 왔습니다. 차가운 겨울에 몸을 웅크리고 실내에 있는 것보다는 방한복을 두껍게 입고 산에 오르거나 트레킹에 나서는 것은 겨울의 매력 가운데 하나지요.

　어퍼 폭포에서 3㎞ 상류에 잉크 팟Ink Pots이 있습니다. 잉크 팟은 연못 색깔이 잉크 같다 하여 '잉크 팟'이라고 합니다. 맑고 투명한 연못이 바닥까지 훤히 드러나 보입니다. 잉크라기보다는 연청색 물감을 풀어놓은 듯합니다. 그런 연못이 6개나 됩니다. 잉크 팟을 둘러싸고 있는 주변 산세는 잉크 팟을 연출하기 위해 세운 영화 촬영장의 거대한 무대 세트

배경처럼 보입니다. 석회암 몰골을 훤히 드러낸 험준한 바위산과 이를 감추려는 듯 서 있는 푸른 나무 숲속 잉크 팟은 선녀들이 지상으로 내려와 목욕하고 하늘나라로 올라갔다는 동화 『선녀와 나무꾼』을 떠오르게 했습니다.

연못 바닥에서 더운 온천수가 보글보글 솟아나온다고 하기에, 양말을 벗고 발의 열기도 식힐 겸 잉크 팟에 맨발을 담그고 앉았습니다. 온천의 따뜻한 열기를 느낄 수는 없었으나, 맑고 투명한 잉크 팟 명경수明鏡水에 투영된 하늘이 연못 속으로 풍덩 뛰어들라고 유혹하는 것 같았습니다.

자연계 현상은 바라볼수록 오묘합니다. 기묘한 형상으로 솟은 캐슬산 뒤편에 있는 힉슨 피크 빙하에서 발원하여 펄사틸라산과 노에틱 피크 사이 깊고 긴 계곡을 지나온 빙하수는 산과 계곡을 침식시켜 계류와 협곡을 만들고, 폭포를 연출하며 보우강으로 흘러갑니다. 이 강은 앨버타주, 서스캐처원주, 마니토바주 곡창지대 대평원을 적시며 동북으로 흘러 허드슨만을 통해 대서양과 북극해로 빠져나갑니다.

바다로 빠져나간 물은 다시 수증기로 떠올라 구름으로 유영하다가 빗방울이 되고, 눈이 되고, 얼음으로 변했다가 녹아 흐르며 바위를 침식합니다. 빙하수는 계곡을 더 깊고 예리하게 파고, 바위를 깎아 협곡을 만들며, 땅을 적시는 동안 강으로 흘러 바다로 빠져나갑니다. 모두 자연계의 선순환 덕입니다.

이러한 자연에 동화된 나도, 당신도 존스턴 캐니언도, 잉크 팟도 자연과 생존 에너지를 나누며 공유하는 자연의 일부입니다. 아니 우리도 자연입니다.

잉크 팟과 주변 산

신들의 땅 로키

14

바운더리산

바운더리산(2,871m)

"**산이** 거기 있기 때문에…" 왜 산에 오르느냐 물었을 때 영국의 저명한 산악인 조지 말로리^{George Mallory}가 남긴 말입니다.

"왜 사느냐고?" 특별한 이유가 있을 리 없습니다. 호기심입니다. 사람의 관심을 끌고 동기를 유발시키는 호기심! 참 가슴 떨리게 하는 용어 아닌가요? 호기심은 친구나 이성에 끌리는 관심만이 아닙니다. 진리 탐구, 취미 탐색, 삶과 인생에 대한 철학적 고찰, 창의적 사고, 의생명과학과 융·복합기술의 결합, 사업가의 모험적 결단… 전부 호기심의 발로입니다.

나는 산악인이 아니라 아마추어 등산가 편에 속합니다. 자일을 메고 암반산을 기어오른 적은 없지만, 국내의 웬만한 산 정상은 모두 밟았습니다. 로키에 머무른 세 달 동안 웬만한 3,000m급 고봉도 많이 올랐습니다. 물론 로프에 몸을 매달고 캠을 바위틈에 꽂으며 험산 바위벽을 타지는 않았지만…. 그 가운데 빅토리아산, 캐슬산, 페어뷰산, 피너클산, 헝가비산, 레프로이산, 웬크쳄나 패스, 서크 피크, 이디스카벨이 기억에 남습니다.

로키 최고봉 롭슨에도 올랐습니다. 롭슨산은 높이가 3,954m로, 산이 거대할 뿐만 아니라 롭슨산 탐방센터에서 산 입구까지 가는 데만 2~3일이 걸리며 정상까지에 오르는 데는 3~4일이 더 추가됩니다. 정상은 험산 바위에 눈이 가득 덮여 있어 전문 산악 장비를 갖추어야 함은 물론, 셰르파의 도움은 기대할 수 없기에 최소 3인 이상이 모여 서로 도와야 정상에 오를 수 있습니다. 롭슨산 하이킹에 나서 산 아래 황제 폭포 캠프사이트에 가서 정상을 보고 왔다고 해야 적확한 표현입니다.

재스퍼에서 아이스필드 파크웨이를 따라 동쪽으로 100여 ㎞ 지나다 보면 멀리에서도 두드러지게 보이는 눈 덮인 산 3개 봉우리가 눈길을 사로잡습니다. 콜롬비아 빙하 끝자락에 있는 애서배스카산, 안드로메다산, 바운더리산입니다.[28]

아이스필드 파크웨이 양옆으로 축제를 벌이듯 펼쳐지는 산세는 실로 장관입니다. 알프스의 수많은 명산을 등정했고, 세계 등반 역사에 괄목할 만한 업적을 남긴 이탈리아 전설적인 등반가 월터 보나티Walter Bonatti[29]는 아이스필드 파크웨이와 애서배스카 빙하를 탐방한 후, "스위스 명산 50개를 한곳에 모아 놓은 것처럼 아름답다."고 극찬했습니다.

알래스카 케나이 반도나 클루에인 국립공원의 눈부신 장관을 보면 감격으로 벌어진 입이 다물어지지 않습니다. 로키는 그런 거대한 알래스카의 축소판입니다. 로키에 올 때마다 눈 시리도록 아름다운 경치에 시샘도 나지만, 마음 한구석에서 떠오르는 편치 않은 심기를 감출 수가 없습니다. 신의 절대성은 부정할 수 없지만, 그 신은 전지전능하지도, 공평하지도 않다고….

사람도 별로 없는 알래스카나 로키에 그리도 진귀한 보물들을 흩뿌려 놓으시면서 왜 비좁고 인구밀도 높은 땅 한반도에 조금은, 아니 실수로라도 알래스카나 로키의 단 1%만이라도 흘려 놓지 않았을까(?) 하는 아쉬움과 시샘이 머릿속을 떠나지 않습니다. 토기장이가 토기를 자신의 마음대로 빚을 권리가 있다면, 빚어진 토기도 토기장이에게 결과적

---

28 Mt. Athabasca(3,491m), Mt. Andromeda(3,450m), Mt. Boundary(2,871m)

29 알프스의 많은 명산 등정에 성공한 이탈리아 산악인. 21세 때인 1951년에 그랑카퓌생(Grand Capucin, 3,838m)을 초등했고, 1953년 3월 영하 25도의 혹한 속에서 마터호른봉(4,478m)의 동계 초등에 성공했으며, K2 원정에도 참여한 바 있다. 알프스에 그의 이름을 딴 산장이 있다.

책임은 저야 한다고 할 수 있어야 하지 않겠는가(?) 하는 항변 아닌 사치스러운 항변을 하면서…

　바운더리산은 콜롬비아 아이스필드 파크웨이와 접한 애서배스카 빙하 동쪽에 있습니다. 나는 빙하 계곡에 차를 세워 놓고 폭포 소리를 들으며 수만 년 얼음 속 빙하가 들려주는 비밀의 선율에 귀를 기울였습니다. 그러고는 신의 창조 걸작인 빙하 계곡과 애서배스카산, 안드로메다산, 바운더리산, 스노우돔산, 키치너산을 차례로 바라보았습니다.

　산에도 품격이 있습니다. 도도하리만치 아름다운 자태를 뽐내는 그 산들은 바라보기만 해도 신선한 에너지가 충만되는 것을 느낍니다. 나는 산악 전문 등반 장비 없이도 그 산에 오를 수 있는 방법이 있지 않을

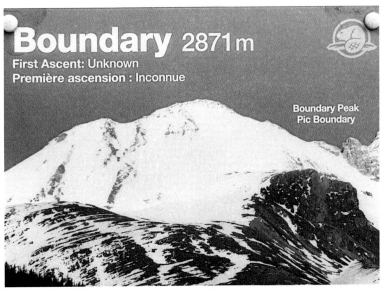

바운더리산

애서배스카산(3,491m,좌)과
안드로메다산(3,450m,우)

스노우돔산(3,456m)

키체너산(3,505m)

까 이리저리 궁리했습니다.

애서배스카 빙하 오른쪽에 있는 스노우돔산은 3,456m의 설산입니다. 이 산을 돈 포레스트 Don Forest라는 산악인은 남들이 은퇴를 고려할 나이에 올랐습니다. 마음 같아서는 애서배스카산이나 스노우돔산에 으르고 싶었습니다. 하지만, 경사진 바위산 산세나 눈 덮인 정상 모습은 드러난 모습만으로는 전문 암벽 등반 장비 없이는 오를 엄두가 나지 않습니다. 더구나 스노우돔산 위에 쌓인 눈은 높이가 100여 m나 된다고 합니다.

애서배스카 빙하 계곡에서 머무른 며칠이 지난 어느 날 오후부터 안개가 짙게 덮이고 비가 내리더니 기온이 급강하했습니다. 밤이 되자 비는 진눈깨비로 변했습니다. 다음 날 아침 눈을 뜨고 보니 날씨는 청명하게 개었고 푸른 하늘에 산계가 선명하

신들의 땅 로키

게 드러났습니다.

사방을 둘러보니 눈꽃이 활짝 피었고, 산정에는 눈이 소복이 쌓여 눈부신 설경이 환상적이었습니다. 애서배스카산, 안드로메다산, 바운더리산을 차례로 살펴보았습니다. 바운더리산은 경사가 급하긴 하지만 전문 산악 장비 없이도 오를 수 있을 것 같았습니다. 정상에 도전해 보고 싶은 욕망이 발동했습니다.

기회는 초저녁 반딧불 깜빡이듯 짧게 왔다가 사라집니다. 아내를 설득했습니다. 지금 기회 아니면 다시 오를 수 없으니 서둘러 오르자고⋯ 아내는 로키에서 허무하게 삶을 마감하고 싶은 의사가 추호도 없으니, 죽을 각오가 되어 있으면 혼자 올라가라는 냉랭한 대답이었습니다.

바운더리산은 높이가 해발 2,871m로 백두산보다 127m 높습니다. 하지만, 빙하탐방소가 해발 1,993m에 있으니, 실제 솟아오른 산 높이는 900여 m에 불과합니다. 서두른다면 정상까지 올라갔다 안전하게 하산할 시간은 충분합니다.

아침 8시 30분 빙하탐방센터 주차장을 출발했습니다. 배낭에 샌드위치, 초콜릿 바, 생수병 2개, 방풍 우의를 챙겨 넣고, 등산화 끈 질끈 조여 맨 후 바운더리산을 향했습니다. 가끔씩 빙하탐험버스 'Canada Ice Explore'가 먼지를 일으키며 빙하 탐방로를 지나가고, 빙하 체험 기대에 가슴이 부푼 상기된 표정의 탐방객들이 손을 흔들며 격려를 보냈습니다.

애서배스카 빙하와 빙하를 감싸고 있는 산은 눈과 빙하만 빼곤 사방이 온통 검은색입니다. 수만 년 동안 두꺼운 빙하로 덮여 있다가 빙하 침식에 의해 드러난 처녀지 땅 위에 생명체 서식은 애초부터 불가능해 보였습니다. 아니 땅이라기보다는 빙하 해빙으로 부서진 검은 바위 부스러기라고 해야 적절한 표현입니다. 하지만, 그 바위산에도 빙하의 침식으로 계곡이 깊숙이 파여 있고, 바위틈 곳곳에 고산지대 수풀이 땅에 낮게 깔려 자랍니다.

로키의 수목 한계선은 2,600m로 알려져 있습니다. 그런데 온통 바위 부스러기로 뒤덮인 이 지역 수목 한계선은 2,200m라고 합니다. 척박한 바위산에 흙 한 줌 없는데도, 어디서 풀씨가 바람을 타고 날아왔는지 2,400m 높이에 빙하 식물이 바위틈에 뿌리내리고, 키 작은 야생화가 돌쩌귀에 싹을 틔워 작은 꽃대를 앙증맞게 피어 올렸습니다. 그 빙하 식물들을 바라보면서 나는 생명과학의 신비는 창조과학의 설명만으로 이해시키는 데는 한계가 있다고 생각됩니다.

로키 고산식물에는 무쇠 같은 강인함도, 쐐기풀 같은 억셈도, 장미꽃 같은 화려함도 없습니다. 그래도 그 작은 식물에게는 얼어붙은 땅에서 침묵 속에 극한 추위를 견디어낸 내공과 생존을 향한 강한 생명의 박동이 느껴집니다. 이처럼 거칠고 척박한 자연환경에 순응하며 살아가는 작은 식물들을 보면서 나는 겸손의 지혜를 떠올립니다.

이곳 식물들은 키를 높이 세우거나 잎을 넓게 벌리지 않습니다. 열매도 많이 맺지 않습니다. 짧게 지나가는 여름 동안 키를 높이 세울 수도 없거니와, 큰 키나 넓은 잎은 세찬 비바람과 언제 다가올지 모르는 추위를 견딜 수 없기 때문입니다. 당연히 키를 낮추고 땅에 납작 엎드려야 합니다. 그리고는 자연의 질서에 순응합니다.

야생 식물은 인간들처럼 생각하고 소통하며 교류하는 능력은 없지

콜롬비아 빙하탐방소

빙하산 돌쩌귀에 싹 틔우고 꽃을 피운 식물

만, 자연의 섭리에 순응하는 본능적 유전인자가 생식세포 속에 내재되어 있나 봅니다. 우리도 지혜롭게 살아가려면 몸을 낮추고 겸손과 상생의 미덕을 가져야 하리라 생각됩니다.

산 5부 능선에 오르면서부터 간간이 보이던 눈은 경사가 급해지면서 눈의 적설 높이도 점차 높아졌습니다. 산허리쯤에 이르니 무릎까지 차올랐습니다. 적어도 50cm는 쌓인 듯했습니다. 산에 오를 때는 아래를 내려다보지 말아야 합니다. 아래를 내려다보는 일은 앞으로 전진하는 데 아무런 도움이 되지 않을뿐더러, 급경사 길이 때로는 공포를 유발하기 때문입니다.

그러함에도 뒤돌아볼 수밖에 없는 것은 사방이 흰 눈에 덮여 보이지 않는 길 아닌 길에 대한 직감적 판단, 앞으로 올라가야 할 거리, 시간과 속도 조절에 대한 안배, 그리고 앞으로 올라가야 할 루트에 대한 선택 때문입니다.

아래를 내려다보니 저 멀리에 민둥산들이 껍데기 벗겨진 게처럼 납작 누워 있습니다. 콜롬비아 빙하탐방소도 윌콕스 피크 산자락에 딱정벌레처럼 땅에 붙어 있습니다. 성냥갑만 한 빙하탐방소 주차장에는 좁쌀 같은 차량들이 쉴 새 없이 드나들고, 아이스필드 파크웨이가 빙하탐방소를 지나 재스퍼 방향으로 거미줄처럼 길게 연결되어 있습니다. 그 길 위를 불개미보다도 작아 보이는 차량이 꼬리를 물고 쉴 사이 없이 오갑니다. 동화 속 장난감 세계가 따로 없어 보입니다.

아폴로 비행선을 타고 우주 공간에서 푸른색으로 빛나는 유리구슬

바운더리산 정상에 오르는 길

같은 지구 모습을 본 어느 우주비행사는 너무도 아름다운 지구의 모습에 감격해서, "앞으로는 과거와 같은 방식의 삶은 절대 살지 않겠노라."고 고백했다고 합니다.

신의 안목으로 세상을 조망한다면, 이 땅에서 채 일백 년을 생존하기 어려운 대부분 사람들은 어쩌면 신화같이 아름다운 세상을 제대로 파악하지도 못한 채, 너무 치열하게 자신만을 위해 살다 하늘로 가는지도 모르겠습니다. 산 아래 세상을 바라보니 손을 퍼 나누며, 이웃을 섬기며, 공동체에 봉사하는 삶이 아름답다는 생각을 갖지 않을 수 없습니다.

급경사인 산 위에서는 가끔씩 눈덩이가 굴러 내리고, 아이젠 없는 내 발도 구르는 눈덩이처럼 미끄러져 내렸습니다. 스틱을 바닥에 쾅쾅 찍어 눈 덮인 길 아닌 길의 속사정을 감각으로 물으며 산에 오르는 일은 생각보다 힘들었습니다. 정상에 가까워질수록 쌓인 눈 높이는 높아지고 날씨는 차가웠지만, 머리와 등에서는 구슬땀이 끊임없이 흘러내리고, 가쁜 호흡은 가슴을 지나 턱밑에 매달려 헐떡거렸습니다.

오르고 미끄러지기를 수없이 되풀이하다가 무심코 발아래를 내려다보았습니다. 경사가 무서울 정도로 가팔랐습니다. 에베레스트는 가본 적 없어 비견될 수 없겠지만, 여기서 미끄러져 굴러 떨어지면 죽을 수밖에 없겠다는 공포가 엄습해 왔습니다.

설산에서는 한 걸음 한 걸음이 조심스럽습니다. 때로는, 무심코 내딛는 한 걸음이 생사의 갈림길인 경우도 있습니다. 문득 한국 산악계 영웅 박영석 님이 떠올랐습니다. 그는 히말라야 8,000m급 산 14좌와 세계 7대륙 최고봉을 올라 산악 그랜드 슬램을 달성했지만, 2011년 안나푸르나 등정 중에 추락하여 산악계의 영원한 별이 되었습니다.

바운더리산 정상에 오르는 길

바운더리산 정상, 힐다피크

산악인의 전설 김창호 님도 떠올랐습니다. 그는 한국인 최초로 에베레스트산 8,000m 고지 14봉을 무산소·알파인 방식[30]으로 완등했고, 황금피켈상까지 수상한 자랑스러운 산악인이었지만, 2018년 네팔

---

30 등산할 때 셰르파 등 지원 조나 고정 루프 도움 없이 독자적인 루트를 개척하며 등반하는 방식.

구르자히말에서 눈 돌풍에 매몰되어 49세의 아까운 나이로 산악계의 별이 되었습니다.

정상을 올려다보았습니다. 아직도 가야 할 길이 멀어 보였습니다. 이 산에 오른다고 누가 상을 주거나 박수치며 축하해 주는 것도 아닙니다. 포기하고 내려가고 싶은 생각이 들었습니다. 허나, 포기하기에는 너무 많이 올라와 있습니다. 고지가 바로 코앞인데 여기까지 와서 포기할 수는 없지 않겠습니까!

산을 오를 때는 심장이 사정없이 뛰다가 어느 순간 갈비뼈 사이로 튀어나오는 것은 아닌가 의심될 정도로 모질게 뜁니다. 멈추고 서서 호흡을 진정시키지 않을 수 없습니다. 그리고도 1시간 가까이 오르고 미끄러지기를 되풀이하여 산행 시작 6시간 만에 정상에 도달했습니다.

정상 도착 순간, 환희와 기쁨은 말로 형언하기 어렵습니다. 시계가 오후 2시 40분을 가리켰습니다. 에베레스트나 안나푸르나에 오른 산악인도 이런 감격이 있기에 산을 오르나 봅니다. 눈부시도록 하얀 백설 세계, 하늘이 뻥 뚫린 듯 높고 푸르른 하늘! 코끝이 시릴 정도로 맑은 공기! 멀리까지 훤히 보이는 맑은 시계… 아! 이곳은 신의 축복을 받은 땅! 은총의 땅입니다.

그 누구도 밟아본 적 없는 흰 눈 위에 첫 발자국을 남겨본 적이 있는가요? 나는 가슴 벅찬 감격으로 바운더리산의 백설 위에 발자국 도장을 선명하게 남기며 걷고 또 걸었습니다. 신이 창조한 선계와도 같은 그곳은 말이 없지만 나는 눈 산과, 산 아래 장난감처럼 보이는 세상을 바라보며 산하山河와 신뢰信賴의 대화를 나누었습니다.

20여 분 동안 정상에 솟아 있는 바위산을 바라보며 정상 등정의 기

신들의 땅 로키

뽐을 만끽한 후, 그 경험과
여운을 가슴속 깊이 간직
한 채 하산을 서둘렀습니
다. 적어도 어둡기 전까지
는 산을 내려와야 했기에.

바운더리산 정상

　내려가는 길 아닌 길 위
에는 눈이 수북하게 쌓여 있어 눈썰매 타고 내려오는 기분이었습니다.
등산화 신은 신발로 스키를 타려 해서 타는 것이 아닙니다. 한 발자국
만 아래로 내디뎌도 급경사면의 눈과 돌이 구르며 미끄러져 4~5m씩
밀려 내려갔습니다. 나중에는 위험스럽기는 했지만, 배낭 멘 등을 바닥

바운더리산에서 바라본 애서배스카산

에 대고 스키 타는 기분으로….

덕분에 하산을 시작한 지 3시간 만인 오후 6시 20분 빙하 탐방센터에 도착했습니다. 애서배스카 빙하 탐방센터에 와서 3일 동안 빙하 폭포 소리를 들으며 콜롬비아 빙하와 밤새도록 대화를 나눈데 이어, 또 하나의 소원을 이룬 셈이지요. 아직도 바운더리 설산에 오른 감격과 흥분의 열기는 식지 않고 가슴속에 의미 있는 경험으로 남아 있습니다. 그 산에 왜 올라갔느냐고? 산이 거기에 있기에 그냥 올라갔을 뿐입니다.

15

자전거 여행자
- 매튜와 나이암

톱슨 캠핑장Robson Meadows Campground에서 장비를 점검하는 매튜와 나이암

매튜^{Matthew}와 나이암^{Niamh}은 오랜 시간이 지났음에도 기억 속에서 지워지지 않습니다. 매튜는 자전거 여행가이자 사이클 여행 선생입니다. 기행에세이 작가인 동시에 PEDALGOGY 홈페이지 운영자이기도 합니다. 나이암도 자전거로 세계여행을 하던 호기심 많은 여행가입니다. 두 사람은 여행지에서 만나 절친한 친구가 되었고, 결국 결혼하여 가정을 이루고 부부가 되었습니다.

그들은 지난 18년 동안 세계 60개국을 여행하며 60여 개의 에세이를 자신들의 홈페이지와 아마존에 책으로 남겼습니다. 그들의 경험은 자전거 페달을 밟으며 세계를 여행하는 이들에게 선행 사례와 길 안내 지침으로 활용되고 있습니다. 또한 여행하며 육필로 남긴 땀 냄새 농후한 글과 세계 구석구석에서 촬영한 진귀한 사진은 그들의 팔로워들과 전 세계 구글·유튜브 독자들에게 잔잔한 감동을 줍니다.

높은 산에 오르는 일은 인간의 노력만으로 이루어지는 것은 아닌 것 같습니다. 산악인들은 산에 오를 때 "정상 등정 성패 여부는 날씨와 행운이 뒷받침되어야 한다."며 계절과 일기예보를 중요시합니다. 일기예보조차 신뢰하기 어려울 정도로 날씨가 급변하는 로키지만, 산에 오르거나 하이킹할 때 일기예보를 간과해서는 절대 안 됩니다. 맑은 하늘에 비구름과 안개가 수시로 교차하고, 때로는 우박이 쏟아져 내리거나 눈발로 변해 휘날릴 때 아무 대비 없이 고산 등정에 나섰다가는 낭패를 당하기 십상이기 때문입니다.

롭슨산 트레킹에 나서기 위해 롭슨 캠프그라운드^{Robson Meadows} ^{Campground}에서 대기하고 있을 때였습니다. 며칠 전부터 계속 비가 내려 재스퍼 국립공원과 프레이저 강가를 맴돌며 맑은 날을 고대해 왔지만,

비는 며칠간 지속되었습니다. 비 내리는 로키는 춥습니다. 무더운 여름날, 우리는 흔히 에어컨을 켜 놓고도 알래스카의 시원함을 그리워하지만 천만의 말씀입니다. 이가 맞부딪칠 정도로 추울 때는 차라리 따뜻한 온기가 그리워집니다.

비에도 순기능과 역기능이 있습니다. 하지만 캠퍼들에게 비는 정녕 반갑지 않은 손님입니다. 트레킹에 나서기는 곤란하고, 하루 종일 텐트 안에 머무르는 것도 지루하고 답답합니다. 음습한 야간에 은하수는 물론 별조차도 얼굴을 내밀지 않으며, 캠프파이어 낭만도 허용되지 않습니다. 침묵 속에 명상하거나, 외로움을 벗 삼아 책을 읽기도 하지만, 이런 상태가 며칠 계속되면 문명 속으로 하산하고픈 마음 간절해집니다.

그날도 아침 일찍 일어나 산행 가능성을 타진하며 일기부터 확인했습니다. 밤새 비가 내린 후 잠시 개였지만, 역시 하루 종일 비가 내린다는 예보입니다. 실망스러운 기분으로 캠프그라운드를 산책하다가 자전거 상태를 점검하던 캠퍼 두 사람과 우연히 조우했습니다. 로키에서 자전거 페달을 밟으며 여행하는 페달리스트는 흔히 볼 수 있습니다. 하지만, 캠프그라운드에서 캠핑까지 하며 여행하는 페달리스트를 만나기는 쉽지 않습니다.

인사를 건넨 후, 그들의 자전거를 살펴봐도 괜찮은지 물었습니다. "OK."라는 대답을 듣고 그들이 타고 온 자전거와 장비를 꼼꼼히 살폈습니다. 예사로운 자전거가 아니었습니다. 외형으로 보는 것보다 훨씬 강하고 튼튼했습니다. 자전거 핸들을 잡고 바퀴를 굴려 보았습니다. '스르륵' 소리를 내며 두 팔로 전해 오는 각 부품 움직임이 부드럽게 느껴졌습니다.

"자전거를 타고 여행한 지 얼마나 되었는가?" 물었습니다. 자그마치

"18년 동안 여행했다."고 합니다. 그동안 테헤란에서 베이징까지 실크로드를 따라 9개국 10,105㎞를 114일 동안 달리기도 했고, 이집트 카이로에서 케이프타운까지 아프리카를 41일간 종단하기도 했으며, 북유럽, 서유럽, 아시아 여러 국가와 호주, 뉴질랜드를 지나왔고, 이번에는 미국 시애틀에서 출발하여 캐나다를 여행 중이라고 합니다. 18년 동안 사이클을 타고 페달을 밟으며 전 세계 60여 개 나라를 여행하다니 대단한 젊은이들이 아닐 수 없습니다.

나도 2년 전 북아메리카 대륙 횡단 계획을 세우고, 캐나다 서부 밴쿠버 아일랜드를 출발하여 로키를 지나고 서스캐처원, 마니토바, 온타리오와 퀘벡, 프린스 에드워드 아일랜드를 거쳐 동쪽 끝 노바스코서주 케이프 브레턴 섬까지 캐나다를 종주했습니다. 이어서 미국 메인 주 포틀랜드에서부터 마이애미까지, 그리고 마이애미에서 시애틀까지 북아메리카를 횡·종단한 적이 있습니다. 자그마치 6개월이나 걸렸습니다. 물론 RV를 운전하고 관심 지역을 탐방하며 종주했지만….

자전거 페달을 밟으며 18년 동안 세계 곳곳을 누빈 그들의 탐험심과 집념이 놀랍지 아니한가요! 오랜 기간 여행하기 위해서는 경제적 사정도 고려해야 합니다. 젊어 보이는 그들에게 직업이 무엇인지 궁금해서 물었습니다. 자신은 아일랜드에서 온 경제학 선생이며, 그의 여자 친구 나이암은 영국의 초등학교 선생이라고 소개했습니다. 그리고 그가 내미는 명함에는 'PEDALGOGY'라 적혀 있었습니다. '자전거 여행을 가르치며, 길을 안내한다.'고 하며 더 나아가 '사이클 여행자를 위한 홈페이지까지 운영한다.'고 합니다.

매튜와 나이암

'사이클 여행자' 하면 일본인 이시다 유스케가 먼저 떠오릅니다. 그는 대학 졸업 후 자신이 꿈꾸어 왔던 세계 여행을 위해 자전거를 타고 7.5년 동안 세계를 돌며 87개국의 진귀한 경치를 보았고, 여행 지역의 이색적인 체험도 즐겼으며, 세상에서 가장 특별하고 희한한 요리까지 맛보았습니다. 그가 여행하는 동안 자신이 소유한 것이라곤 자전거, 노트북, 텐트, 비옷, 오리털 침낭, 의류 몇 점, 간단한 취사도구, 낚시도구, 비상식량, 카메라, 물통, 신용카드 한 장이 전부였습니다.

사람의 욕심은 끝이 없습니다. 많이 가지게 되면 더 좋은 것, 더 많은 것을 가지고 싶어 하고, 많이 소유할수록 이를 지키기 위해 더욱 많은 시간을 투자하고 노력하며, 삶의 본질이 아닌 것들로 번민하고 비본질적인 것들에 신경 쓰게 됩니다.

아이스필드 파크웨이를 달리는 페달리스트

콜롬비아 빙하탐방소를 지나는 페달리스트

　이시다 유스케는 알래스카에서부터 아르헨티나 우수아이아까지 남북아메리카 대륙을 종단했고, 북유럽 핀란드에서 아프리카 최남단 희망봉까지 유럽과 아프리카 대륙을 종단했으며, 중동을 출발하여 실크로드와 아시아를 거쳐 러시아를 횡단했습니다.

　여행하는 동안 그는 여행 정보지에 에세이를 기고하거나, 가게 점원으로, 혹은 식당에서 아르바이트로 여행 경비를 마련하기도 했으며, 강도를 만나 자신이 소유한 자전거와 카메라, 신용카드, 여권 등 전 재산을 털리는 수난을 겪기도 했습니다. 여행을 마치고 일본으로 돌아온 그는 여행지의 삶과 자신의 체험을 바탕으로 『가보기 전엔 죽지 마라』, 『맛보기 전엔 죽지 마라』라는 명저를 남겼고, 현재는 집필과 강연 활동에 전념하고 있습니다.

3년 전 알래스카 클루아니 국립공원Kluane National Park 캠프그라운드에서 만났던 자전거 여행자 마이클 토빈Michael Tobin과 패트리시아 화이트Patricia White 부부도 잊을 수 없는 사람들입니다. 그들은 자전거로 알래스카 일주 여행을 마치고 집으로 돌아가던 길이었습니다. 당시 67세였던 마이클은 종합병원 외과의사로 근무하고 있었고, 그의 부인 패트리시아는 64세의 영어 선생이었습니다.

저녁 무렵에 클루앤 국립공원 캠프그라운드에 도착하여 캠프파이어에 불을 피워 놓고 앉아 있는데, 옆 사이트 캠핑 테이블에 그들 부부가 앉아 말없이 책을 읽고 있었습니다. 그들의 캠핑 테이블 옆에는 밤을 지내기 위한 텐트도 세워져 있었습니다.

대개 여행자들은 하루 일과를 끝낸 후 캠프파이어 불가에 둘러앉아 와인과 맥주를 마시거나 동료들과 얘기꽃을 피우며 저녁 시간을 보냅니다. 그런데 페달리스트 부부가 캠프그라운드에서 독서라니… 특이하지 않은가요! 하루 종일 자전거 페달을 밟느라 무척 피곤하여 쉬거나 일찍 잠자리에 들고 싶었을 텐데, 조용히 앉아 책을 읽고 있는 모습이 신선한 모습으로 다가왔습니다. 그들 부부에게 다가가 인사를 건넸습니다.

그들이 가진 짐이라곤 텐트와 비옷, 침낭, 기능성 의류 몇 벌, 취사도구, 마른식량, 셀폰, 물병이 전부였습니다. 그렇게 간단하게 짐을 꾸리고 하루 종일 자전거를 타고 이동하며 7주째 알래스카를 여행 중이라고 했습니다. 그들의 외모는 자전거 여행으로 다져진 날렵한 몸매에서 풍기는 강인함이 엿보였습니다. 대화를 나누면서 나는 그들의 건강한 육체, 맑은 영혼, 풍부한 식견, 여유로운 삶의 방식에 탄복했습니다.

그들은 알래스카 주도인 주노에 살고 있다고 합니다. 주노에서는 비행기나 배를 타지 않고는 외부 세계로 나갈 수 없습니다. 그래서 주노에

클루앤 국립공원 캠프파이어어

출발 직전의 마이클과 패트리시아

서 자전거를 배에 싣고 스캐그웨이까지 이동한 후에 클론다이크 골드 트레일을 따라 캐나다 유콘을 지나고 미국 국경을 넘어 발디즈, 헤인즈, 호머, 앵커리지, 데날리, 페어뱅크스를 거쳐 이제 집으로 돌아가는 길이라고 했습니다.

나는 그들의 여행 경로를 듣고는 깜짝 놀라지 않을 수 없었습니다. 내가 자동차로 여행하게 될 50일 동안의 여행 루트와 비슷한 길을 이들 부부는 자전거를 타고 질주해 왔던 것입니다. 그들이 지나온 거리는 5,000㎞는 족히 넘습니다. 7주 동안 하루 평균 100㎞ 이상을 쉬지 않고 달려온 셈입니다.

두 사람은 광활한 캐나다 클루아니 국립공원, 알래스카의 숨 막히도록 아름다운 케나이 반도와 케나이 피요르드 국립공원, 미국 최고봉이 있는 데날리 국립공원, 세계 최대 규모인 랭겔 세인트 엘리아스 국립공원의 높은 산과 빙하계곡도 지나왔습니다. 거대한 빙하협곡에 잠겨 있는 비경까지를 다 거론한다면 숨이 막힐 지경입니다. 그 장엄하고도 아름다운 알래스카 속살에 자전거 바퀴 자국을 남기며 구석구석 탐방하고 체험한 것입니다

그들에게 "장거리 여행이 힘들고 고독하지 않습니까?"라고 물었습니다. 그들 대답은 짧고 명쾌했습니다. "어렵고 힘든 만큼 고난을 극복한 후에는 보람과 즐거움이 찾아온다."라며, "자전거를 타고 여행하는 도중에 비바람이 치거나 햇볕이 강하게 내리쬘 때는 본능적으로 페달만 밟을 뿐, 머릿속엔 아무 생각도 들지 않는다."고 합니다.

그 힘든 과정 속에서 "자신의 삶과 인생을 점검하고, 미래 삶을 설계하면서, 매 순간 최선을 다하면 언제 오는지도 모르게 행복한 저녁 시간

자전거 경주대회

자전거를 매단 여행자

을 맞이한다."라고 대답했습니다. 어려운 역경을 극복하고 땀 흘리며 최선을 다한 후에 맞이하는 보람은 고진감래苦盡甘來일 수 밖에 없겠지요.

그들 부부가 지나온 구간은 일부 도시를 제외하고는 사람이 거의 살지 않거나 휴게소조차 없는 무인 지대입니다. "누구에게도 도움 청할수 없는 곳에서 야생동물을 만나는 경우도 있고, 자전거가 망가지는 경우도 있었으며, 식수나 비상식량이 떨어지는 경우도 있었다."고 합니다. 그런 역경까지 감내하면서 자전거 여행을 계속하는 그들 모습에서 나는 신선한 충격을 받았습니다. 순간 나이는 많을지라도 그들의 영혼이 무척 젊고 순수하고 아름답다고 느껴졌습니다.

자본주의 물질문명에 찌든 우리 모습과는 너무 다르게 살며, 타인과자신을 비교하지 않고 삶의 진정한 가치를 자신의 행복에 두는 그들 부부의 모습에서 삶과 인생에 대한 신뢰가 느껴졌습니다.

7년 전, 산티아고 순례길을 걸은 적이 있습니다. 그 길은 프랑스서쪽 국경 마을 피테포르에서 출발하여 스페인 중부를 관통하여 산티아고 데 콤포스텔라를 지나고 바닷가 땅끝 마을 피스테라까지 걸어가는 약 1,000㎞의 침묵 수행 길입니다. 가는 길이 아름답고 문화 유적이많아 전 세계 도보 여행자들이 즐겨 찾아와 자신의 지나온 삶과 인생에 대하여 진지하게 되돌아보고, 자신을 재발견하며, 앞날을 설계하는길이기도 합니다.

그 길을 한국에서 온 자전거 여행자 10여 명이 대오를 이루어 지나가는데, 그들끼리 주고받는 신호와 언어 체계가 무척 특이해서 한참을 바라보며 서 있었습니다. 산티아고 순례길은 하루 평균 20㎞씩 걸으면 종주하는 데만 50일 가까이 걸리는데, 이들 페달리스트들은 "일주일에 주

파할 계획."이라고 합니다.

여행하는 동안 기동성 있게 움직일 수 있어 좋고, 교통비 들이지 않아서 좋고, 도로가 없어서 접근하지 못하는 오지도 구석구석 탐험해 볼 수도 있어 좋습니다.

짧은 길을 빨리 가려면 혼자 가고, 먼 길을 가려면 동행자와 함께 가라고 합니다. 오랜 시간 동행자와 공동의 목표를 향해 함께 가니 우의를 돈독히 할 수 있어 좋고, 발길 닿기 어려운 구석구석 외진 곳까지 탐사할 수 있어 좋고, 페달을 열심히 밟는 동안 건강까지 챙길 수 있으니 더더욱 좋은 일 아닌가요!

더구나 트레킹이 끝난 오후시간에는 문화기행을 할 수 있어 좋고, 밤에는 저렴한 비용으로 제공되는 순례자 특식에 와인까지 제공됩니다. 만남이 있고, 맛있는 음식이 있고, 재미있는 이야기 거리가 곁들여지니 즐겁지 않을 수 없습니다.

로키를 지나다 보면 페달리스트들이 비탈진 언덕길에서 페달을 밟으며 힘겹게 오르는 장면을 가끔씩 목격하게 됩니다. 나는 그런 페달리스트 곁을 지나며 힘들게 페달을 밟는 모습을 볼 때마다 차마 그들을 추월할 수 없어 속도를 늦추고 따라가곤 합니다.

특히 비탈이 심한 언덕길을 오를 때 혹은 무거운 자전거를 밀고 올라갈 때는, 멀찍이 뒤에서 그들이 언덕을 오를 때까지 기다리거나 손을 흔들어 격려를 보내며 혹시 도와줄 일이 없는가 묻곤 합니다. 그럴 때 그들은 한결같이 환하게 미소 짓고 손사래를 치며 자신이 선택한 길을 묵묵히 가겠다고 합니다.

그런 페달리스트들을 볼 때마다 그들의 집념과 끈기에 박수를 보내지 않을 수 없습니다. 어쩌면 그들은 고독을 즐기며 자신이 가능하다고 설정한 목표를 향하여 자신의 행복한 미래를 시험하고 있는지도 모를 일입니다.

자전거 옆구리와 앞뒤에 짐을 가득 매달고 페달을 힘차게 밟으며, 두 눈과 가슴으로 체험하는 생생한 경험은 승용차나 버스를 타고 지나며 대충 훑어보는 패키지여행과는 감동의 격이 분명 다르지 않겠나 생각됩니다. 나도 어느새 사이클 여행자들의 정열 편에 동승하고, 사이클 여행 지지자로 바뀌고 있나 봅니다. 다음에 큰 도시로 나가면 튼튼한 자전거 하나 사서 차에 매달고 다녀야겠습니다.

16

로키를
흐르는 강

밴프타운 앞을 지나는 보우강

거대한 산은 긴 강과 아름다운 호수를 만들어 자연계와 생태계가 선순환되는 것을 서로 돕습니다. 북아메리카 대륙을 동서로 구분하는 대륙분계선Continental Divide에 놓인 로키는 워낙 웅장하여 보우강 외에도 프레이저강, 애서배스카강, 콜롬비아강, 쿠트네이강 등 수많은 강을 잉태하며 태어났습니다. 모든 강은 어머니의 따스한 품처럼 생명을 잉태시키고 육성시켜 대지로 내려 보냅니다.

보우강

보우강은 보우 빙하 폭포에서 발원하여 보우 호수와 보우강을 거치고 밴프와 캘거리를 지나 애스코우의 보우섬에서 올드먼강과 합류되어 사우스 서스캐처원강을 이루고, 서스캐처원주와 매니토바주 광대한 곡창지대를 적시며 북동쪽으로 흘러 넬슨강에 합류되어 허드슨만 앞바다로 빠져나가는 긴 강입니다.

허드슨만은 캐나다 북부 누나부트 준주, 마니토바주, 온타리오주, 퀘백주에 접한 거대한 바다입니다. 이 바다는 대서양과 북극해로 연결되는데, 영국 항해가이자 탐험가인 헨리 허드슨Henry Hudson [31]에 의해 최초로 발견되었습니다.

그는 1609년 네덜란드 동인도회사 명령으로 역사 이래 처음으로 유럽과 아시아를 잇는 북서항로 개척 임무를 띠고 북위 80°까지 탐험하

---

31 헨리 허드슨(1565-1611): 영국의 항해가이자 탐험가. 1609년 네덜란드 동인도회사 명령으로 태평양과 아시아로 향하는 서북항로 개척 임무를 띠고 북위 80°까지 항해했고, 알래스카와 미국 뉴욕까지 탐험하여 영국의 미국 식민 지배 토대를 마련했으며, 캐나다 동부와 허드슨만을 발견하여 영국이 캐나다로 진출하는 데 기여했다. 그가 발견한 허드슨만은 그의 이름자를 따서 지은 바다 이름이다.

던 중, 허드슨만과 캐나다 동부를 발견했으며, 러시아와 미국 뉴욕까지 탐험하여 영국의 북아메리카 식민 지배 토석을 다졌습니다. 허드슨만은 그 공로를 인정하여 그의 이름자를 따서 붙여진 이름입니다.

허드슨 베이 컴퍼니 Hudson Bay Company(HBC)**32**는 영국이 캐나다로 진출하기 위해 1670년 5월 영국 왕 찰스 2세의 승인을 받아 만들어진 국책회사이자 캐나다 식민지 통치 기구입니다. 내륙 진입 교통로가 없던 시절 HBC는 헨리 허드슨이 개척한 북서항로를 통해 북아메리카 식민지 구축 교두보를 마련했습니다.

HBC 무역업자들은 허드슨만을 통해 캐나다 북쪽 처칠강과 넬슨강, 헤이스강을 따라 위니펙 호수, 서스캐처원강, 보우강 내륙 깊은 곳으로 들어와 캐나다 원주민들과 교역을 했습니다. 처칠이나 넬슨에서부터 보우강까지 이어지는 강과 내륙은 서구 문명을 캐나다에 전한 젖줄인 동시에, 수천 년 동안 원시·수렵 상태로 살아가던 캐나다 원주민들이 유럽 문명을 접하고, 영국이 이 땅을 식민지화하는 데 활용된 교역 루트인 셈이지요.

북아메리카 허드슨 베이 지역에서 독점적 모피 교역권과 막강한 식민지 통치권을 행사했던 HBC는 영국 국왕 사촌 프린스 루퍼트 Prince Rupert 공작이 초대 총독을 맡았습니다. 설립 당시 HBC는 영국 동인도회사처

---

32 정식 명칭은 The Governor and Company of Adventurers of England trading into Hudson's Bay이다. 설립 당시 이 회사는 영국 동인도회사처럼 법인 성격을 띤 회사 겸 정부 역할을 수행했다. 캐나다가 국가로 모습을 갖추기 이전 북아메리카의 광대한 영토는 HBC에 의해 통치되었으며, 캐나다 연방국가가 세워지는 산파 역할을 했다. 그러나 대형 할인매장과 전자상거래 업체들의 추격에 밀려 2008년 미국 기업 NRDC Equity Partners에 매각되었다.

HBC 초기 루퍼트랜드(출처: Wikipedia, the free encyclopedia)

HBC Port Nelson York Factory National Histrric Site(출처: Wikipedia, the free encyclopedia)

럼 법인 성격을 띤 회사 겸 정부 역할을 수행했습니다.

동인도회사의 인도 교역 상품은 설탕, 차, 향신료, 염료 등으로 다양했지만, HBC 초기 교역 상품은 칼, 의복, 구슬 장식 등을 털모자 소재가 되는 비버 가죽과 교환하는 수준이었습니다. 당시 모피는 영국은 물론 유럽 전역에서 매우 인기 있는 상품이었으며, 비버 털모자는 부와 권력의 상징으로 통했습니다.

세상에는 영원한 제국도 영원한 기업도 없습니다. 동인도회사나 스페인, 네덜란드 등 식민지 수탈 회사와 조직은 모두 역사 무대에서 퇴장했습니다. 그러나 HBC는 설립 이후 300여 년 동안 허드슨만 전 지역에 대한 독점적 모피 교역권과 통치권을 행사하면서 넬슨강 → 마니토바주 → 서스캐처원주 → 앨버타주 → 로키로 교역 지역을 넓혀 나갔습니다.

모피를 얻기 위해 이 땅에 들어온 초기 개척자들은 강을 따라 마니토바 북부에서 시작하여 동부로는 몬트리올까지, 서부로는 캐나다 서해안까지, 남부로는 미국 몬태나주·아이다호주·오리건주까지 무역 전진 기지를 확대하며 교역 대상 지역을 넓혀 나갔습니다.

현재까지 캐나다에 광범위하게 남아 있는 HBC의 흔적은 역사 사적지로 지정되어 보호되고 있으며, 로키에는 밴프 시내에 Hudson's Bay 상호를 내건 가게가 남아 있습니다. 재스퍼는 HBC가 로키에서 수집된 모피를 밴쿠버나 허드슨만으로 운반하는 모피 교역 거점 마을로 역사 무대에 등장했습니다.

HBC가 사업을 하면서 남긴 식민지 통치, 지도, 인구통계, 원주민의 언어, 의학, 학술, 주민 생활, 기업 운영 기록은 캐나다 사회·역사·문화 연구에 귀중한 사료인 동시에, 거대한 영토가 국가로 성립하는 과정을 보여주는 중요한 자료입니다.

보우 강의 발원지는 보우 호수지만, 보우 호수 원류는 로키산 대륙 분계선 동쪽에 있는 보우 빙하, 페이토 빙하, 왑타 빙하입니다. 콜롬비아 아이스필드 파크웨이를 지나다가 눈부시게 빛나는 보우 빙하와 보우 호수를 바라보면 가슴으로부터 목 멘 감탄사가 절로 튀어나옵니다. 콜롬비아 아이스필드 파크웨이를 지나는 사람 가운데 여기에서 논스톱 패스하는 경우를 본 적이 없습니다. 몇 차례나 왔든, 얼마나 자주 지났든, 남녀노소 누구든 관계없이….

나도 이 길을 지날 때마다 호숫가 까마귀발산 앞 빙하 뷰포인트에 차를 세우고, 푸른 하늘, 맑은 공기, 신비를 머금은 하늘보다도 더욱 푸른 빙하 호수와 호수를 감싸고 있는 지미심슨산, 톰슨산, 포털 피크, 보우 피크를 차례로 바라봅니다. 그 경치와 풍광에 감탄하지 않을 수 없습니다. 가까이에서 보는 보우 호수는 맑고 투명하며 호수 바닥에 깔린 빙퇴석 돌멩이까지도 뚜렷하게 보입니다. 그러나 멀리에서 바라보는 호수는 연청색 빛을 띠다가도 햇빛이 강해지면 진청색 루비처럼 현란한 색으로 바뀝니다. 화가에게 붓을 쥐어 주고 풍경화를 그리라 해도 이보다 더 잘 그릴 수는 없을 것 같습니다.

호수 한 모퉁이에서 길을 지나던 탐방객이 루어 낚싯대를 던지는데, 어느 친구는 가슴까지 올라오는 낚시 복장을 하고 호수 가운데에 서서 플라이 낚싯줄을 던지고 있었습니다. 낚시질하는 품새가 멋이 있습니다.

영화 〈흐르는 강물처럼〉 주 촬영지는 미국 몬태나주로 알려져 있지만, 일부 명장면은 보우강에서도 촬영했다고 합니다. 그 영화에서 브레드 피트Brad Pitt가 거대한 송어를 낚아 올리는 명장면처럼, 간간이 건져올리는 반짝이는 송어를 볼 때마다 구경꾼들이 박수치며 함성을 지릅니다. 구경하는 나도 신이 나서 마치 내가 낚은 것처럼 환호를 보냈습니다.

사방이 온통 자연인 호숫가에 딱 하나뿐인 인공 구조물 넘티자 로지Num-Ti-Jah Lodge가 눈길을 끕니다. 빨간색 지붕이 인상적인 이 건물은 숙소로서뿐만 아니라 찻집으로도 활용되며, 산악인 지미 심슨Jimmy Simpson 박물관 역할도 겸하고 있습니다. 심슨은 로키의 수많은 산을 오르고 트레일을 개척한 전설적인 산악인이며, 넘티자 로지를 세우고 여행자에게 잠자리를 제공하며 찻집을 운영한 운영자이기도 했습니다.

그의 이름자를 딴 지미 심슨산이 보우 호수 북쪽에서 아이스필드 파크웨이와 호수를 바라보고 있습니다. 박물관 안에는 그가 1870년대에 산을 오르내리며 사용했던 땀 냄새 진하게 밴 의류와 장비, 손때 묻은 서적이 전시돼 있어, 당시 로키와 산악인의 고단했으나 행복했을 산행 모습이 머릿속에 그려집니다.

보우 빙하폭포는 보우 빙하를 둘러싼 톰슨산, 하벨산, 세인트 니콜라스산으로 이어지는 빙벽에서 한 줄기 흰 보석처럼 빛납니다. 맑

호숫가 트레일

신들의 땅 로키

보우 빙하폭포의 발원지 보우 빙하와 아이스버그 호수

보우 호수의 발원지 보우 빙하폭포

넘티자 로지 레스토랑과 지미 심슨 박물관

보우 호수로 유입되는 빙하수

고 바람 잠잠한 날은 호수에서 5㎞ 떨어진 빙하폭포에서 들려오는 폭포수 파열음까지 섬세하게 들립니다. 눈 시리도록 아름다운 호수에 와서 호수 원류인 보우 빙하폭포를 찾아보지 않을 수 없습니다.

넘티자 로지에서 보우 빙하폭포를 바라보며 걷는 5㎞의 호숫가 트레킹은 또 다른 각도에서 호수의 진면목을 조망할 수 있는 기회입니다. 호숫가에는 산에서 떠밀려 내려온 모래와 자갈, 돌이 계곡 아래 호수까지 어지럽게 널려 있어 마치 무인도 백사장을 걷는 느낌입니다.

폭포에 가까이 다가갈수록 자갈과 돌 더미는 더욱 수북이 쌓여 있어 무수한 세월이 만들어 낸 지구환경의 변화가 감지됩니다. 거기에 더하여 계곡을 깎아 내리며 120m 아래로 떨어지는 폭포는 아픈 신음 소리를 토해내며 바위에 부딪치고, 산산이 부서져 일으키는 물안개 포말이 계곡을 희게 물들입니다.

이 폭포수가, 아니 눈에 보이는 폭포 위 빙하가 호수의 근원이고, 보우강의 원류이며, 서스캐처원강·넬슨강·허드슨만의 근원입니다. 냉기 가득 머금은 빙하수가 보우강을 지나 거대한 내륙으로 흐르는 동안 댐, 관개, 식수, 농공업용수, 수력발전으로 이 땅에 생존 에너지를 공급하는 동시에 평원으로 부터 물을 공급받습니다. 앨버타주·서스캐처원주·매니토바주의 광활환 프레리 땅이 세계적 곡창지대를 이루는 데는 보우강이 지대한 영향을 미칩니다. 긴 순환 과정 속에 일으키는 보우강 역할은 참으로 위대합니다.

프레이저강

인류 문명이 강가에서 발현했듯이, 캐나다 서부 살기 좋은 도시 밴쿠버를 관통하여 흐르는 강이 있습니다. 프레이저강입니다. BC주에서 가장 길고 거세게 흐릅니다. 길이가 자그마치 1,375㎞나 되며, 강 총 면적은 220,000㎢로 한반도보다도 넓습니다.

이 장대한 강의 한 원류는 대륙분계선Continental Divide인 로키 블랙록산 Mt. Blackrock과 프레이저 패스에서 발원하여 프레이저강으로 흐르고, 롭슨산 버그 호수에서 발원하여 키니 호수를 지나 흐르던 롭슨강이 롭슨산 탐방센터 앞 캠프그라운드에서 프레이저강에 합류되어 프린스조지 → 윌리엄레이크 → 예일 역사지구 → 호프를 거쳐 밴쿠버까지 BC주를 구불구불 관통하여 조지아 해협을 지나 태평양으로 빠져나갑니다.

프레이저강이 롭슨강과 합류되어 BC주를 동 → 서 → 남 → 서로 수많은 협곡과 다리를 지나는 동안 캐나다 내륙과 바다를 이어주는 문명의 교량 역할을 해 왔고, 도로가 건설되기 이전 수천 년 동안은 대륙의 교통로 역할도 하여 캐나다 서부에 번영과 풍요를 가져다준 강입니다.

18세기 초까지만 해도 북아메리카 토착민 외에 캐나다 서부 지역을 거들떠본 사람은 동서양을 막론하고 아무도 없었습니다. 풍광은 아름다우나 접근할 도로가 없고, 자원은 많으나 이용 방법을 몰랐으며, 겨울이 길고 눈과 얼음으로 뒤덮인 산야는 서구인이 다가갈 수 있는 영역권 밖에 있었습니다.

1670년 HBC가 모피 교역을 위해 허드슨만을 통해 이 땅에 들어온 이후 영국 모피 무역업자들은 서쪽으로 서진하며 활동 범위를 넓혀 나갔습니다. 내륙을 관통하는 도로가 없던 시절 태평양으로 나아가고자 길을 찾는 개척자들에게 로키는 넘을 수 없는 거대한 장벽이었습니다.

1808년 북미 지역 모피 교역자이자 전설적 탐험가였던 사이먼 프레이저Simon Fraser가 바다로 이어지는 수로를 찾기 위해 프레이저강을 따라 로키에서 태평양까지 탐험했습니다. 그는 BC 지역에서 탐사한 수많은 경험을 기록으로 남겼으며, BC주 대부분 지역 지도를 그렸고, 프린스조지와 프레이저 호수를 지나 태평양으로 나가는 네차코강을 역사상 최초로 탐사했습니다.

사이먼 프레이저의 이름자를 따서 불리게 된 프레이저강은 헬스게이트로 유명한 프레이저 캐니언 계곡을 낳았고, 캐나다 서부 금광 개척사를 써내려갔던 카리부 골드러시와 카리부 왜건 도로 영광을 낳았으며, 호프를 거쳐 밴쿠버까지 BC주 개발사를 이끌어온 예일 역사지구를 낳았습니다.[33]

예일은 1808년 6월 프레이저가 허드슨베이회사HBC의 모피 무역 거점을 확보하기 위해 로키에서 프레이저강을 따라 내려와 이 지역에 살던 원주민인 Tait족과 Naka'pamux족을 만나면서 근대 역사의 무대로 등장했습니다. 그는 모피 무역 루트를 찾으며 프레이저강을 따라 캐나다 내륙을 탐사한 최초의 유럽인입니다.

토착민들은 생애 처음 만난 서양인 프레이저를 극진히 환대했다고 합니다. 프레이저 표현에 의하면 "마치 그동안 잊고 지내 왔던 절친한 지

---

33 1858년 예일 역사지구 모래언덕에서 사금 1톤이 발견되었다. 30,000여 명에 달하는 골드 드리머들이 열광하며 시애틀과 샌프란시스코에서 배를 타고 프레이저강을 따라 예일 좁은 계곡으로 몰려들었다.

신들의 땅 로키

인과 단절된 관계를 회복한 것처럼 융숭한 대접을 받았다."라고 기록되어 있습니다.

모피 무역 전진기지로서 출발한 예일은 프레이저강을 통해 금광 개발, 카리부 왜건 도로 건설, 태평양 철도 건설을 지원하는 거점 마을로 급성장했습니다. 강가의 한적한 작은 마을이 1800년대 한때는 샌프란시스코 북부와 시카고 서부에서 가장 크게 번창하고, 캐나다 서부가 오늘의 발전된 모습으로 성장하는 데는 프레이저강이 그 중심에 있었습니다.

키니 호수로 유입되는 롭슨강 원류 롭슨산과 회이트혼산 빙하수

프레이저강이 지나는 예일 역사지구에서는 옛 시절 금광 영광을 그리워하는 이들이 찾아와 금을 채취한다.

예일 북쪽 20㎞ 상류 프레이저강이 지나가는 계곡에 헬스게이트라는 급류가 흘러갑니다. 헬스게이트라는 이름은 프레이저가 1808년 카누를 타고 이 급류 계곡을 사투 끝에 간신히 지나간 후 붙인 이름입니다. 헬스게이트를 지나는 강폭은 33m로 급격히 줄어듭니다. 프레이저강은 1분당 90억 리터의 물이 지나가는데, 깊고 좁은 계곡에 이르면 유속은 더 빨라집니다. 강물이 소용돌이치며 바위에 부딪칠 때 나오는 굉음과 빠른 유속이 무시무시한 소리를 냅니다.

협로 옆으로는 카리부 왜건 도로가 지나가고 태평양 철도를 따라 긴 꼬리를 문 기차가 구불구불 터널을 지나갑니다. 계곡 아래를 내려다보기만 해도 오금이 저린데, 하물며 그 험지 암반에 도로와 철로를 개설하는 일이 얼마나 힘든 난공사였을지 짐작하기조차 쉽지 않습니다.

프레이저강은 캐나다 내륙을 관통하는 교통로가 개설되기 이전에는 내륙과 해안을 이어 주는 교통로이자 교역 통로였습니다. 또한 벌목한 원목과 모피 수송을 위한 수송로뿐만 아니라, 골드러시를 이끌고 도로 건설과 태평양 철도를 건설하는 배후 지원 통로로 중요한 역할을 했습니다. 지금도 프레이저 강가 밴쿠버 목재 공장에는 강물에 떠내려와서 가공 순서를 기다리는 수많은 원목을 볼 수 있습니다.

이 거대한 강은 수많은 생명체가 탄생하여 BC주를 기름지게 하는 보금자리 역할도 하지만, 연어가 회귀하여 산란하는 유명 산란지이기도 합니다. 그런 까닭에 매년 여름부터 가을까지 연어 구경은 물론 연어잡이 장소로도 인기가 있습니다. 게다가 철갑상어까지 낚여 낚시꾼들을 열광케 하는 낚시 포인트이기도 하지요.

유럽인들이 정착하기 이전 캐나다는 토착민들이 강 주변과 바닷가 해안에 터전을 잡고 사냥을 하거나, 고래, 해달, 연어를 잡으며 일만 년 역사를 써내려온 땅입니다.

연어는 먼 옛날부터 수천 년 동안 북아메리카 내륙과 해안가 토착민들에게 중요한 먹거리이자 식량자원입니다. 7~9월 산란하기 위해 전력을 다해 프레이저 강을 따라 모천으로 회귀하는 연어 모습은 실로 장관입니다. 자신의 삶을 다하고 다음세대로 생명을 전하기 위해 먼 길을 헤엄쳐 와 산란 후 생을 마감하는 연어 모습은 숭고하기조차 합니다.

프레이저강이 지나는 길목에는 캐나다 역사에 등장하는 인물 이름을 딴 지명이 많습니다. 사이먼 프레이저의 이름자에서 따온 프레이

태평양 철도가 지나가는 프레이저강 헬스케이트

산란을 위해 태평양을 지나 프레이저강을 따라 모천으로 헤엄쳐 올라온 연어

하늘에서 보는 밴쿠버 앞바다 조지아 해협과 호스 슈 베이

저강, 사이먼프레이저대학교, 북미 지도를 그렸던 영국 해군 선장 조지 밴쿠버^{George Vancouver}의 이름자를 딴 도시 밴쿠버, 영국 역사상 최전성기를 구가하며 빅토리아 시대를 활짝 꽃피운 위대한 여왕 빅토리아^{Alexandrina Victoria Hanover}의 이름자를 딴 빅토리아섬, 빅토리아시, 빅토리아대학교, 영국 국왕 조지 5세의 아들 조지 에드먼드^{George E. A. Edmund}의 이름자를 딴 프린스조지, 금광업자 빌리 바커^{Billy Barker}의 이름자를 딴 바커빌, 모피 교역자이자 탐험가 알렉산더 맥켄지^{Alexander Mackenzie}의 이름자를 맥켄지강, 영국 국왕 찰스 2세 사촌으로 캐나다 식민지 총독이자 Hudson's Bay Company 총독을 지낸 프린스 루퍼트^{Prince Rupert of the Rhine}의 이름자를 딴 도시 프린스루퍼트 등….

　그 외에도 수없이 많은 사람 이름을 딴 지명과 마주하면서 역사를 빛냈던 인물들의 공헌과 캐나다 개발 역사를 더듬어 봅니다.

애서배스카강

애서배스카는 알래스카와 캐나다 등 북아메리카에 거주하는 토착민 가운데 한 부족 이름입니다. 주로 알래스카 동남부 내륙에 거주하지만 로키와도 인연이 깊습니다. 그들은 전통적으로 강에 의존하여 자급자족했으며, 물고기와 사냥감을 따라 이동했기에 다른 지역 사회와 무역에 많이 관여했습니다. 이들은 교통수단으로 해빙기에는 자작나무 껍질과 무스 가죽으로 만든 카누를 이용했고, 결빙기에는 개썰매를 이용하여 교환물품을 운송했습니다.

알래스카 페어뱅크스 강가에 CHENA VILLAGE Alaska가 있습니다. 애서배스카 부족들이 전통 방식으로 살았던 모습을 재현한 마을입니다. 그런데 그곳 원주민 모습이 한국인과 비슷하여 친근감이 듭니다. 페어뱅크스에 머무르는 동안 우리 민족과 외관이 너무나 흡사하여, 이들이 다가오는 모습을 보면서 같은 한민족으로 착각한 적도 있습니다.

고고인류학적으로 볼 때, 몽골로이드 후예들은 삼만여 년 전부터 만육천 년 전까지 해수면이 지금보다 90m나 낮았던 시기에 베링 해협 Bering Strait을 건너 알래스카 땅에 들어온 것으로 추측되지만, 일만이천 년 이전 사료는 확인되지 않습니다.[34]

기원전 일만이천 년 전부터 칠천 년 전까지 이 해협을 건너온 시베리아계 몽골로이드 후예 가운데 일부는 남쪽으로 이동하여 미시시피문명과 메소·아메리카문명을 건설했고, 알래스카에 남은 종족들은 여러 지

---

34 캐나다 국영방송 CBC에서 방영되는 Passionate eyes에서는 DNA 검사를 통해 알래스카 원주민은 시베리아 몽골인임을 밝혔다.

크투낙사족이 살아왔던 애서배스카강가

역에 흩어져 생존을 유지하며 자신들의 언어와 원시공동체적 삶을 이어 왔습니다.

로키와 애서배스카는 인연이 꽤 깊습니다. 애서배스카산이 있고, 애서배스카빙하가 있습니다. 애서배스카강이 콜롬비아 빙원에서 발원하여 흐르고, 이 강이 지나는 에드먼턴 북쪽에는 애서배스카라는 도시도 있으며, 애서배스카 호수가 앨버타주와 서스캐처원주계에 걸쳐 있습니다.

애서배스카강은 북아메리카 최대 빙원인 콜롬비아 빙원의 빙하수가 콜롬비아산 동쪽과 북쪽으로 흘러 서스캐처원주와 매니토바주를 지나 허드슨만과 북해로 빠져나가는 긴 강입니다. 콜롬비아 빙원에서 북쪽으로 흐른 빙하수는 애서배스카강의 한 지류를 이루어 재스퍼로 흘러가고, 애서배스카 빙하 동쪽으로 흐른 빙하수는 선왑타강을 이루며 북쪽으로 흘러 선왑타 폭포를 지나 애서배스카강에 합류되어 재스퍼 앞을 지나갑니다.

재스퍼를 통과한 애서배스카강은 애서배스카와 포트 맥머리를 거쳐 애서배스카 호수에 잠기고 누나부트 준주 늪지를 지나 허드슨만과 북해로 긴 여행을 떠납니다.

현재 재스퍼는 재스퍼 국립공원의 중심지로 인구 4,000여 명이 거주하는 관광 거점 마을입니다. 하지만, 해안으로부터 1,000㎞ 이상 떨어져 있고, 산 높고 골이 깊어 역사 이래 오랫동안 외부와 고립되어 있었습니다.

수천 년 동안 크투낙사족·크리족·애서배스카족·하이다족·누트카족이 흩어져 살아온 이 땅에는 비버·곰·버팔로·엘크·사슴·산양이 많고, 애서배스카강을 통해 내륙과 허드슨만이 물길로 연결되어 있기에 HBC가 이 땅에 들어온 이후 매력 있는 모피 교역소로 자리매김했습니다.

페어뱅크스 체나 강가 CHENA VILLAGE Alaska 애서배스카 부족 마을

애서배스카강 원류를 이루는 선왑타강

말린강에서 애서배스카강으로 흘러가는 강의 지류

밴프 시내에 있는 Hudson's Bay 상점

오랜 세월 애서배스카 강가에 살아왔던 크투낙사족 추장들

지금은 대부분 원주민이 사라졌지만 포트port라는 명칭이 붙은 도시나 마을은 개척 시대에 모피 교역 전진기지로 세워졌으며, 1970년대까지만 해도 매년 밴프에는 여러 종족이 모이는 '밴프 원주민 인디언의 날' 행사가 성대하게 벌어지곤 했습니다.

캐나다 근대사와 로키 역사에 허드슨베이회사HBC만큼 큰 영향을 끼친 회사나 조직도 없을 것입니다. HBC가 1670년부터 허드슨만에 접한 매니토바주, 서스캐처원주, 앨버타주를 거쳐 로키로 세력을 확장하며 광대한 지역에서 무역을 할 당시, 우리나라는 조선 18대 왕 현종 전후 시대로, 남인과 서인 사이에 성리학性理學, 주자학朱子學을 기반으로 당파 싸움이 극렬했던 때입니다.

국상을 당한 왕이 상복을 몇 년 입느냐 하는 문제로 국론이

신들의 땅 로키

분열되고 치열하게 싸우며 당파 싸움으로 국력을 낭비할 때, 영국·프랑스·네덜란드는 세계로 눈을 돌리고 국익을 위해 무역과 식민지 개척 대열에 뛰어들었습니다. 우리나라에도 공허한 이론에 치우친 데 대한 비판으로 실사구시實事求是 학문인 실학實學이 대두했으나 당파싸움과 행정의 무능, 관료의 부패에 밀려 빛을 보지 못하고 안타깝게도 사장되었습니다.

당시 실사구시實事求是 정신을 바탕으로 경세택민經世澤民 하며, 시각을 세계로 돌리고 국론을 집결하고 진취적 기상으로 알래스카와 북아메리카로 진출했다면 지금의 한국과는 또 다른 나라가 되었을 것이라는 생각에 안타까운 마음이 들 때가 많습니다.

캐나다 식민지 개척사에 알렉산더 맥켄지Alexander Mackenzie 이름도 자주 등장합니다. 모피 교역자이기도 했던 그는 애서배스카 호수 근처에 무역거래소 포트 치페와이언을 설립하여 원주민과 모피 무역을 했고, 그레이트슬레이브 호수로부터 맥켄지강을 따라 북극해까지 탐사했으며, 애서배스카강을 따라 로키산맥을 넘어 태평양에까지 발자국을 남겼습니다.

맥켄지는 백인으로서 북아메리카 대륙을 횡단한 최초의 인물로 역사에 올라가 있습니다. 캐나다 서부에서 가장 긴 강 맥켄지와 맥켄지라는 도시도 그의 이름에서 유래되었지요.

콜롬비아강

콜롬비아강은 북아메리카 태평양 북서부에서 가장 큰 강입니다. 로키산에서 발원하여 미국 워싱턴주로 흘러가 워싱턴주를 북에서 남으로 관통하고 오리건주와 워싱턴주 경계를 흐르다가 태평양을 빠져나가는 2,000㎞에 달하는 길고 거대한 강입니다. 그중 800㎞는 캐나다 동부를, 1,200㎞는 미국 동부 지역을 흐릅니다. 강의 지류와 유역까지 포함하면 아이다호주, 몬태나주, 유타주, 네바다주까지 뻗어 있습니다. 북아메리카 서부 개척 당시 이 강은 내륙과 바다를 이어주는 중요한 교통로였습니다.

우리는 물을 물처럼 우습게 알지만, 물이 없는 생명체나 물이 없는 문명은 상상할 수 없습니다. 세상을 이끌어 온 모든 문명은 강가에서 탄생하고 물과 함께 융성했음은 역사가 증명합니다. 나일이 그러했고, 갠지스가 그러했고, 황하가 그러했습니다. 현대 도시인 뉴욕·런던·파리·도쿄·상해·모스크바는 물론 밴쿠버와 상트페테르부르크도 그렇

콜롬비아강 원류 가운데 하나인 미스타야강   콜롬비아강 원류 가운데 하나인 타카카우 폭포와 요호강

신들의 땅 로키

습니다. 콜롬비아강은 이 강이 지나가는 주의 관개·농업·산업·공업용
수로 이용되어 BC주와 워싱턴주가 캐나다와 미국에서 비교적 잘사는
주로 발전하는 축복의 통로로 작용했습니다.

　콜롬비아강에는 14개의 크고 작은 강이 지류로 만나 합류되어 흐릅
니다. 낙차가 큰 강에는 거대한 수력발전소가 14개소나 건설되어 있습
니다. BC주 소재 콜롬비아강이 지나가는 길에만 해도 수력발전 댐이
세 군데[35]나 건설되어 있어, 원가를 거의 들이지 않고 유지·보수비용이
제로에 가까운 저렴한 비용으로 전력을 마구 생산해 냅니다.

　로키산에서 발원하여 콜롬비아강에 합류되는 지류는 8개나 됩니다.
첫째 지류는 로키산 지넷 피크, 칼룩 피크에 있던 빙하가 녹아 낮은 곳
으로 흘러 킨바스켓 호수에 모입니다.

　둘째 지류는 로키의 대륙분계선 서쪽에 있는 후커산·세레니티산·고
스트산 빙하가 녹아 낮은 곳으로 흘러 킨바스켓 호수에 모입니다.

　셋째 지류는 쉐클튼산·처산 빙하가 녹아 킨바스켓강을 따라 호수로
모입니다.

　넷째 지류는 차파 피크와 애퀴덕트산 빙하가 녹아 설리번강을 따라
흘러내려와 호수로 모입니다.

　다섯째 지류는 로키의 대륙분계선 서쪽에 있는 콜롬비아 빙원, 월터
피크, 캄브레산, 프리킷산 빙하가 녹아 계곡을 따라 내려와 발렌시엔느
강을 이루며 흘러 호수에 합류됩니다.

　여섯째 지류는 하우스 피크, 미스타야산, 베이커산, 아예사 피크의
빙하가 녹아 블레베리강으로 흘러 콜롬비아강으로 합류합니다.

---

35 미카 댐(Mica Dam), 레벨스톡 댐(Revelstoke Dam), 킨리사이드 댐(Keenleyside Dam)

일곱째 지류는 요호 국립공원 베이커산·론다산·고든산에서 동남쪽
으로 흐른 빙하수가 타카카우 폭포에서 흘러온 빙하수와 합류하여 요
호강을 이루며 흘러내리다가 아미스퀴강과 합류하여 키킹호스강으로
흘러갑니다.

다른 한편 요호 국립공원 동쪽 오다레이산·오언산·비둘산·미스코
산에서 서쪽으로 흐른 빙하수는 킹산 앞 계곡에서 키킹호스강에 합류
되어 왑타 폭포를 지나게 되고, 이 강은 골드 다운타운에서 콜롬비아강
으로 합쳐져 하나가 됩니다.

키킹호스^{Kicking Horse}라는 이름이 참 궁금했습니다. 이 길을 오갈 때마
다 강 이름을 되짚어 보며, 말을 발로 찼다는 것과 유추해서 여러 가지
로 상상하곤 했습니다. 키킹호스강이 지나가는 주변 지형은 무척 험준
합니다.

사실은 이러합니다. 탐험가 제임스 헥터^{James Hecto}가 1858년 말을 타
고 이 지역을 지나는데 앞서가던 말이 험준한 지형에 놀라 날뛰었고,
놀란 말의 발굽에 채인 헥터가 말에서 떨어져 나뒹굴었습니다. 이 사실
을 잊지 않으려고 강 이름을 키킹호스로 지었다고 합니다.

킨바스켓 호수에 모인 강물은 미카 댐 거대한 수력발전소 터빈을 돌
려 전기를 생산하며 호수를 떠나 2,000㎞의 긴 여행을 시작합니다. 레벨
스톡과 거대한 킨레이사이드 댐에서 다시 한번 수력발전 터빈을 통과한
콜롬비아강은 캐슬거에서 쿠트네이강과 합류되어 하나의 몸으로 캐나다
국경을 통과하여 워싱턴주로 긴 여행을 떠나 태평양으로 나갑니다.

콜롬비아강이 태평양으로 나가는 수로는 현재 북미와 아시아를 연결
하는 중요한 수송 동맥으로 발전했습니다. 강을 통해 북아메리카 북서

부 목재, 광물과 밀 등 농산물과 자동차, 철강, 석유제품, 프로젝트 화물 등 연간 5,000만 톤 규모의 화물이 운송되고, 240억 달러 규모의 무역이 이루어지는 산업의 교통로로 이용되고 있습니다. 이 강을 거쳐 형성된 문명과 문화는 값으로 측정할 수 없을 것입니다.

쿠트니 강

쿠트니 강은 로키의 대륙분계선 남서쪽 쿠트니 국립공원에서 발원하여 콜롬비아강에 합류되는 강입니다. 콜롬비아강의 상위 주요 지류 중 하나로, 파라다이스 밸리 뒤편에 있는 헝가비산, 비둘산과 모레인 호수 뒤편에 있는 웬크쳄나스템마 패스, 델타폼산, 넵튠악산 사이 계곡이 쿠트니강 시작점입니다.

이곳에서 발원하여 흐르기 시작하는 빙하수와 스텐리 피크, 볼산 북

쿠트니강의 또 다른 원류 스텐리 빙하 계곡

▲ 쿠트니 강의 원류 스텐리 빙하 폭포

▼ 델타폼산과 넵튜악산을 통해 내려오며
　형성된 마블 캐니언

쪽으로 흐른 빙하수가 마블 캐니언 계곡에서 합류하여 93번 도로를 따라 남쪽으로 흘러갑니다. 남쪽으로 가는 동안 도로 좌우편 고봉에서 낮은 곳으로 흐른 빙하수와 합류되며 점차 큰 강을 이루게 되고, 심슨강·팰리저강·화이트강·세인트메리강·불강·위웜강과 합류되어 93번 도로를 따라 흘러 콜롬비아 강에 합류됩니다.

밴프 캐슬 융티온에서 93번 도로를 따라 래디움 온천으로 가며 보이는 눈부신 산들이 모두 쿠트니 국립공원에 속한 산입니다. 이 도로가 쿠트니 국립공원을 가로질러 가기에 쿠트니 고속도로라고 불리기도 하지요. 강이 시작되는 지점에 마블 캐니언이 있고, 강이 지나는 길에 와사레이크 주립공원, 스쿰척 펄프제지 공장, 키코문 크릭 주립공원도 있습니다.

쿠트니는 이 지역에 살던 원주민 언어로 '언덕을 넘어온 사람들'이라는 말이 있고, '호숫가에 사는 사람들'이라는 말도 있는데, 전부 사실입니다. 쿠트니족은 오래전부터 호숫가나 강가에 살면서 대륙 분계령을 넘나들며 앨버타 대평원까지 엘크와 무스 사냥에 나섰던 민족입니다.

쿠트니강 원류인 마블 캐니언은 헝가비산과 비둘산 계곡을 흘러내린 빙하수가 오랜 세월 커티스 피크와 웬크챔나 패스 사이 계곡을 흐르는 동안 석회 암반 지대를 통과하면서 암반을 침식시켜 이루어진 협곡입니다. 이 계곡을 웬크챔나 패스 트레킹 루트를 따라 지나간 적이 있습니다. 모레인 호수 뒤편 10Peak 고봉을 지나고 웬크챔나 빙하 계곡을 건너서입니다. 암석에 함유된 철분이 산화되어 검붉게 변한 돌과 바위산 사이 깊은 협곡은 악마의 성으로 들어가는 입구처럼 소름이 돋습니다.

쿠트니 국립공원을 지난 로키가 미국으로 가기 전에 남긴 또 하나의 명물이 아카미나-키시네나 주립공원과 워터톤 호수 국립공원입니다. 워터톤 호수와 눈 덮인 로키산을 미국과 캐나다가 서로 공유하고 있지요. 로키 국립공원에 버금갈 만큼 아름답습니다. 미국에서는 이 공원을 글레이서 국립공원으로 부릅니다. 같은 로키산맥의 똑같은 공원이지만 국경을 달리하기에 서로 달리 부릅니다. 명칭이 재미있습니다.

워터톤 호수 국립공원에 연결된 미국 Glacier National Park의 Swiftcurrent Lake

17

트래커의 천국,
오하라 호수

Glacier Peak(3,302m)와 Lake O'Hara

개관

"로키의 숨은 보석은 오하라 호수^{Lake O'Hara}(해발 2,035m)입니다. 산사람이나 트래커에게는 산의 성지이지요!"

요호 국립공원 안내센터 직원의 말입니다.

오하라 호수는 로키에서 원시 자연환경이 가장 잘 보존된 지역입니다. 로키 거봉 빅토리아산(3,464m), 빅토리아 빙하, 레프로이산(3,423m), 레프로이 빙하, 헝가비산(3,494m)을 경계로 동쪽으로는 밴프 국립공원, 북쪽으로는 요호 국립공원, 남동쪽으로는 쿠트니 국립공원 경계선상에 위치한 신비스러운 호수입니다.

호수 주변은 사방이 하늘을 찌를 듯 압도하는 기하학적 형상의 암반과 빙하로 둘러싸여 있고, 빙하에서 녹아 호수로 떨어지는 폭포 소리만이 고요의 침묵을 흔듭니다. 마치 천상의 아름다운 한 끝자락을 지상에서 미리 맛보라고 내려주신 정원 같습니다.

고산지대 산속 호수 주변에는 24개의 크고 작은 호수와 25개의 하이킹 트레일, 거대한 빙하, 캠프사이트, 통나무집, 그리고 그림보다도 아름다운 오두막 캐빈이 산재해 있습니다.[36] 그 안에서는 비경 트레킹, 하이킹, 암벽등반, 빙하탐험, 캠핑, 호수낚시, 수영, 카누, 스키, 눈길걷기, 스케이팅 등 온갖 체험을 다 할 수 있는 야외 활동 천국입니다.

---

36 요호 국립공원, 밴프 국립공원, 쿠트네이 국립공원이 만나는 3개 권역의 동남쪽 고도 2,115m에 면적 약 102,850평, 주변 고산지대 - 빅토리아산(3,464m), 후버산(3,348m), 샤퍼산(2,691m), 오다레이산(3,147m) - 권역에 12개 아름다운 호수 - O'Hara, Yukness, Victona, Mary, Lefroy, Oesa, Opabin, Hungabee, Moor, Cascade, Schaffer, McAther - 가 있고, 25개의 하이킹 트레일, 5개의 빙하, 캠프사이트, 통나무집 오두막과 호수 주변에 그림보다도 아름다운 O'Hara Lodge까지 있다.

그러나 이 호수는 누구에게나 열려 있는 공간은 아닙니다. 청정 구역으로 지정되어 있어서 공원관리공단이 운영하는 셔틀버스 이외에는 승용차, 오토바이, 산악자전거 등 어떤 탈것도 들어갈 수 없습니다. 공원관리공단이 야생동물을 보호하고 생태 환경을 지키기 위해 하루 2번 버스 탑승 인원을 최대 42명으로 제한했기 때문이지요.

호수로 들어가는 행운을 얻기 위해서는 매년 지정된 날 열리는 인터넷 창구를 통해 버스 탑승 신청을 해야 합니다. 하지만, 예약 창이 열린 지 5분도 채 지나기 전에 해당 연도의 모든 좌석이 매진됩니다. 청약 경쟁이 복권에 당첨될 확률만큼이나 치열합니다. 외국인이 버스 탑승 기회를 얻기란 거의 불가능에 가깝습니다.

전화나 인터넷으로도 예약을 받는 통나무집 숙소나 캠핑사이트도 상황은 비슷합니다. 그 안에는 찻집을 겸한 방갈로 식당 외에는 상가나 음식점조차 없습니다. 그래서 방갈로든, 캠프사이트든 신청 결과가 발표되면 로또에 당첨된 만큼이나 기뻐합니다.

수요에 의해 공급이 창출되며 공급 탄력에 의해 시장가격이 형성되는 것이 자본주의 매력이라지만, 그런 순수 고전주의 경제 이론은 이곳에서는 무용지물입니다. 손상되기 쉬운 천혜의 비경을 최대한 아끼고 보존하려는 취지에서 입장객 수를 최소한으로 제한하고 있습니다.

주차장에서 12㎞ 떨어진 호수까지 가는 셔틀버스는 하루 두 번 운행되지만, 사전 예약되고 선택받은 소수 사람만이 그 행운의 버스에 탑승할 수 있습니다. 하지만 버스 탑승권을 못 구했다 하더라도 호수로 가는 방법이 전혀 없는 것은 아닙니다. 부지런히 움직이고 땀 흘리며 방법을 구하는 자에게 하늘은 항상 기회를 열어 두고 있기 때문입니다.

공원 탐방센터 안내 직원에게 예약은 못 했지만 오하라 호수로 갈 수 있는 방법을 물었습니다. "아침 일찍 호수로 가는 셔틀버스 주차장에 가서 기다려 보라."며 "만약 표를 예약한 승객이 노쇼할 경우 선착순으로 주어지는 탑승 행운을 얻을 수도 있다."고 합니다.

"그게 아니라면 비포장 소방도로 12㎞를 트레킹하며 걸어가야 한다."는 대답입니다. 셔틀버스 주차장에 줄을 서서, 예약된 승객 중 누군가 노쇼하기만을 바라며 불확실한 행운을 기다리는 것은 나의 취향에 맞지 않습니다. 다른 사람의 불행에 편승하고 싶지 않기 때문입니다.

두 달 가까이 로키에서 매일 산에 오르내린 덕분에 산길 걷는 데는 익숙해졌습니다. 그동안 맑은 날을 기다리며 오하라 호수 탐방 순간을 얼마나 기대해 왔던가를 아시는가요? 오가는 길 24㎞를 걷는 것쯤은 무리가 아니라고 생각되기에 아내와 나는 걷는 방법을 택했습니다.

호수까지 걸어가는 것도 잊지 못할 체험이며, 땀 흘리면 반드시 그에 합당한 보상이 따른다는 경험적 판단이 걷는 쪽을 주저함 없이 선택하게 했습니다. 물론, 오가는 길 24㎞를 걷는 데 에너지를 다 소비한다면, 호수 주변을 돌아보는 데 할애할 여유는 그만큼 적어지는 것쯤은 감수해야겠지요. 변덕 많은 로키 날씨가 다음 날 어떤 조화를 부릴지는 하늘의 뜻에 맡겨야 하겠지만, 날씨가 맑을 것이라는 낭보성 예보가 다음 날을 희망으로 기다리게 했습니다.

트레일과 캠프그라운드

아침 7시, 레이크 루이스 캠프그라운드를 출발하여 북서쪽 20분

거리에 있는 오하라 호수 주차장에 당도했습니다. 셔틀버스 탑승 장소라는 안내 입간판이 눈에 띄었습니다. 버스 탑승 행운을 얻기 위해 일찍부터 줄 서서 기다리는 사람들도 꽤 있었습니다.

주차장 안내 게시판에는 공원 이용 주의 사항이 빼곡히 적혀 있습니다. 이른 시간임에도 공원 지킴이로 일하는 자원봉사 도우미가 나와서 "풀 한 포기 야생화 한 송이 꺾지 말고, 지정된 트레일 외에는 절대 출입하지 말며, 자신이 발생한 쓰레기는 반드시 수거해 오라."는 주의 사항을 거듭거듭 전달했습니다. 덧붙여 "오하라 호수와 맥아더 호수 인근은 공격성이 사나운 그리즐리와 산양, 무스 등의 서식지이니 각별히 주의하라"고 당부하는데 단순한 엄포가 아님이 예견되었습니다.

셔틀버스는 6월 중순부터 11월 말까지 주차장과 호수 구간을 오갑니다. 오전 출발 버스는 트레일을 신청하고 버스 탑승에 당첨된 사람만 탑승이 허용되고, 오후 출발 버스는 통나무집 로지, 오두막 캐빈, 그리고 캠핑사이트를 예약한 사람이 탑승토록 되어 있습니다. 내려오는 버스는 예약을 하지 않고도 탑승할 수 있다는 점이 그나마 다행입니다.

우리는 저녁까지 돌아오지 못할 경우를 대비해서 하루 치 비상식량과 간식, 맥가이버 칼, 라이터, 우비, 방한재킷, 생수를 배낭에 꾸려 넣었습니다. 등산화, 곰 퇴치 스프레이, 등산 스틱도 꼼꼼히 점검하고 아침 8시 트레일 헤드를 출발했습니다.

아침 안개가 산허리 아래로 낮게 걸려 있어 이 지역이 높은 고도(해발 1,600m)에 있음을 일깨워 주었습니다. 코끝이 찡할 만큼 차가운 날씨임에도 아침 햇살은 기분 좋게 몸속으로 파고들었습니다. 아니 앞으로 전개될 비경에 대한 설레는 기대감이 추위를 느끼지 못하게 했는지도 모를 일입니다.

숲속 소방도로를 겸한 트레일은 도중에 길을 잃을 염려를 하지 않아도 좋을 만큼 잘 닦여 있었습니다. 가끔씩 공원 관리 차량이나 셔틀버스가 흙먼지 자욱이 일으키며 지나갈 때마다 차량이 내뿜는 미세 매연이 맑은 공기에 익숙해진 후각을 예민하게 자극했습니다. 힘에 부치지 않을 만큼 완만한 오르막 트레일에는 매 1㎞마다 목적지까지 거리가 나무 표지판에 적혀 있습니다. 남은 거리를 판단하며 걷는 속도를 조절하라는 얘기이지요.

트레일 헤드를 출발하여 4㎞를 지나자 동쪽으로 곧게 솟아오른 위왁시Wiwaxy 봉우리에서 능선을 따라 계곡으로 날카롭게 깎여진 급격한 산세가 심상치 않게 보였습니다. 겨울에 쌓인 눈이 자주 흘러내려 눈사태가 빈번하게 발생하는 지역이라고 합니다. 겨울철 온 천지가 백설 세계로 변하면 이 도로는 크로스컨트리 마니아들의 스키장으로 바뀌고, 겨울 호수를 찾는 사람들의 스키 코스가 된다고 합니다. 주변에는 경고성 문구와 경고 표지판도 곳곳에 세워져 있습니다.

이 지역을 통과하기 전에 날씨와 눈사태 예보를 확인하고, 충분한 식량과 물을 준비하고, 누군가 타인에게 자신의 여행 일정을 알려야 하며, 비상시에 연락할 전화번호도 점검하라는 안내문입니다. 위험 지역임을 알리는 경고성 표지들이 긴장감을 고조시켰지만, 은둔에 싸여 있는 비밀스러운 호수를 볼 수 있다는 설레는 기대감과 호기심은 그런 경고성 멘트에 위축될 리 없습니다.

호기심은 참 묘한 매력을 지녔습니다. 우리에게 꿈과 희망을 갖게 하고, 욕망이라는 기관차를 움직이게 하며, 언제 어디서나 매력의 끈을 놓지 않게 해 주니 말입니다. 12㎞를 단숨에 걸어 오전 11시 호수 캠프

오하라 호수 트레일 진입로 소방도로

Wiwaxy Peaks(2,706m)

오하라 호수 트레킹 트레일

오하라 호수 트레일의 데이지

트레일 계곡을 흐르는 맑은 시냇물

신들의 땅 로키

그라운드에 도착했습니다. 침엽수림이 도열해 있는 길을 3시간 가까이 트레킹한 후에.

호수로 뻗어 있는 트레일과 캠프사이트 주변 산세는 도착하는 순간부터 여타 산에서는 경험할 수 없었던 은둔의 장막을 여는 기대감으로 가슴 설레게 했습니다. 안내센터를 겸한 휴게소에 들러 탐방 안내 자료를 얻었습니다. 캠핑장에서 한 캠퍼가 장작을 패며 캠프파이어 화로에 불을 지피고 있기에, 양해를 구하고 모닥불 가에 자리를 잡고 앉아 트레일 지도와 안내 사항을 꼼꼼히 살폈습니다.

주변에는 오하라 호수 외에도 24개의 크고 작은 호수가 숨겨져 있고, 25개의 하이킹 트레일과 5개의 빙하가 도사리고 있습니다. 따뜻한 불기운이 온몸을 어루만지듯 애무하고, 모닥불 불꽃이 가물거릴 때마다 연기와 솔송나무 향긋한 냄새가 피어올라 코끝을 간지럽혔습니다.

고개를 돌리니 캠프그라운드 내부 시설들이 하나씩 시야 속으로 들어왔습니다. 캠프사이트에 세워진 텐트 곁에 장작불 스토브와 취사 시설이 딸린 오두막 쉼터, 하수처리장, 곰 접근을 차단하기 위한 철제 음식물 보관함, 분리 쓰레기통, 정수된 식수, 장작, 도끼 등 캠퍼들이 공동으로 사용하는 시설물이 정결하게 정리되어 있었습니다.

이곳 캠프사이트는 눈이 녹는 6월 중순부터 10월 초까지 엄격한 예약제로 운영됩니다. 캠퍼당 최대 체류 허용일은 4일이고, 팀당 최대 2개 사이트를 사용할 수 있으며, 한 개의 팀은 6명을 초과할 수 없다고 합니다. 대부분의 국립공원 캠프그라운드는 캠퍼 팀당 15일까지 체류를 허용하지만, 보다 많은 신청자에게 골고루 혜택을 주려는 취지에서 팀과 체류일 수를 제한하는 것이지요.

오하라 호수 주변 지도

오하라 호수 각종 안내 입간판	오하라 호수 트레일	각종 트레일 안내 입간판
Camp Ground	캠퍼텐트	Fire Place

신들의 땅 로키

열린 텐트 안을 슬쩍 들여다보았습니다. 텐트 안에는 두툼한 슬리핑백, 방한의류, 취사용품, 튼튼하게 보이는 캠핑 장비들이 가지런히 정돈되어 있었습니다. 여름일지라도 해 진 후 산속 기온은 겨울에 비견될 만큼이나 춥습니다. 차가운 밤을 산속에서 지내려면 최소한 그 정도 장비는 갖추어야 하리라 여겨집니다.

호수 트레일 산책

높이 솟아오른 삼나무··솔송나무·가문비나무에서 뿜어내는 피톤치드 진동하는 향기가 코를 타고 가슴속으로 상큼하게 밀려왔습니다. 로키산 속 공기는 참으로 싱그럽습니다. 가슴을 활짝 열고 크게 심호흡한 후, 하늘조차 보이지 않는 관목 무성한 숲속으로 발걸음을 옮겼습니다. 갑자기 시야가 환하게 열리며 눈앞으로 무언가 불쑥 다가서는 듯한 느낌입니다. 낮은 오하라 호수Lawer Lake O'Hars입니다.

연청색 청명한 호수, 그림보다도 더 아름다운 호수 주변 통나무집, 그리고 호수 속으로 풍덩 빠진 듯 비치는 위왁시 봉우리가 하늘을 향하여 열리듯 나타났습니다. 감격입니다. 그러나 정작 우리가 보고자 했던 오하라 호수는 그 바로 뒤편 비경 속에 숨어 있다가 영화의 주인공처럼 슬며시 얼굴을 내밀었습니다.

호수 풍경과 색깔이 환상적입니다. 암반과 토사와 진흙으로 뒤섞인 빙하수는 호수까지 떠내려 오는 동안 침전되고, 암반 미세 조각만이 물과 함께 호수로 유입됩니다. 호수에 고인 물은 햇빛 강도에 따라 산란되어 푸른색으로, 때로는 청옥색으로 빛이 납니다. 호수 뒤편에서 형언하기 어려운 광채를 뿜어내는 유니스산, 후버산, 글라치어 피크의 눈부신 산세는 가슴을 쿵덕쿵덕 뛰게 할 만큼 신비로웠습니다.

아내와 나의 입에서 동시에 "우아!" 하며, 경탄에 가까운 탄성이 절로 나왔습니다. 한마디로 압권입니다. 그동안 로키산을 트레킹하며 보았던 산과 호수 가운데 이토록 환상적인 비경이 있었던가 돌이켜 생각해 보았습니다. 꿈이 아닌가(?) 사방을 꼼꼼히 둘러보았습니다. 신선들이 어느 구석에선가 껄껄껄 웃음 지으며 튀어나올 것 같은 분위기입니다.

우리는 신계를 몰래 들여다보다가 들킨 노루처럼, 진귀한 형상의 암반바위산과 눈 덮인 빙하, 그리고 보석보다도 아름다운 청록색 호수 주변을 숨죽이고 둘러보았습니다. 하늘과 맞닿은 기묘한 형상의 고봉군! 수십억 년 지구 역사의 비밀을 감추고 지상 세계를 주시해온 산! 기하학적 형상의 암반 산봉우리마다 흰 안개구름과 먹구름이 쉴 새 없이 교차하고, 그 파노라마는 호수와 함께 대 서사시를 연출해 내고 있습니다.

자연이 원래 이렇게 아름다운 모습이라면 인류가 그동안 건설한 문명은 자연의 파괴에 해당한다는 말인가요? 하늘이 내린 자연을 우리는 개발과 공영이라는 명분으로 얼마나 훼손해 왔던가를 돌이켜보니, 이해타산을 저울질하며 개발에 앞다투어 왔던 우리는 역사에 누를 끼친 것이며, 이 찬란한 자연은 후손들과 그다음에 올 세대를 위해서도 아끼고 보호되어야 한다는 자연스러운 결론에 도달할 수밖에 없습니다.

하늘을 향해 경쟁적으로 솟아오른 침엽수림 샛길을 따라 호숫가를 걸었습니다. 쉴 새 없이 빙하수를 토해내는 폭포소리만이 비밀장원의

오하라 호수

Glacier Peak(3,302m), Mt. Yukness(2,851m), Mt. Biddle(3,320m), Mt. Shaffer(2,692m)

적막을 깨웁니다. 이 호수는 1887년 영국인 맥아더J. J. McAther가 처음 발견했지만, 당시 퇴역 대령이던 오하라Robert O'Hara가 이곳 경치에 반해 여러 차례 방문한 것이 계기가 되어 오하라 호수로 불리게 되었다고 합니다. 지금으로부터 불과 230여 년 전 일이지요. 나도 지금부터 로키 계곡을 열심히 뒤져 이름 없는 호수나 계곡에 내 이름자를 붙여 남길 곳을 찾아봐야겠습니다. 그런데 그런 곳이 남아 있기는 한 건가?

호숫가를 따라 이어진 3㎞의 트레일을 걷는 데는 달팽이처럼 게으름을 부려도 한 시간이면 충분했습니다. 캐나다 알파인 클럽에서 세워 놓은 "풀 한 포기 꽃 한 송이 꺾지 마라.", "트레일을 벗어나지 마라.", "길

오하라 호수와 호수 주변 통나무집(Lake O'Hara Lodge)과 Mt. Shaffer(2,691m)

Lake O'Hara Lodge

Mt. Cathedral(3,189m) (출처: Wikipedia)

겨울의 Elizabeth Parker 통나무집(출처: Wikipedia)

신들의 땅 로키

Mt. Cathedral(3,18m)과 오하라 호수   Seven Veils Falls

아닌 곳을 밟지 마라.", "연약지반 출입금지"라 적힌 팻말이 곳곳에 세워져 있습니다.

　이토록 넓은 땅을 가진 사람들이 돌멩이 하나, 풀 한 포기, 나무 한 그루, 숲속 작은 길, 아니 미로 하나까지 소중하게 여깁니다. 그토록 철저한 자연보호 의식이 아름다운 환경을 유지케 하는 원동력이라 생각하니, 입장객 수까지 철저하게 통제했던 캐나다인들의 야박스러울 만큼 세세했던 통제가 오히려 숭고한 가치로 여겨졌습니다.

　트레일을 지나는 길에 위왁시 갭으로 오르는 길, 오세사 호수 트레일, 유니크스 알파인 트레일, 오파빈 고원 트레일, 맥아더 패스 트레일, 오다레이 전망대 트레일 안내 입간판이 보였습니다. 서로 거미줄처럼 연결된 그 많은 트레일을 다 섭렵하려면 트레킹만 하는 데도 일주일은 족히 걸릴 것 같습니다. 요호 국립공원의 백미인 후버산, 빅토리아산, 애보트 패스, 글라시어 피크까지 근접한다면 열흘로도 모자랄 지경입니다.

　더구나 그리즐리 서식지인 맥아더 계곡-맥아더 패스에서 오터 테일강까지 구간-은 알파인 지역을 보호하고, 야생동물이 자유롭게 활동하기 위해 매년

8월 15일까지는 출입을 제한합니다. 8월 15일 이후에도 사전 허가를 받은 사람에 한해 제한된 구역에만 출입이 허용되고, 오다레이 고원지대도 5월 1일부터 11월 40일까지는 출입을 통제할 만큼 생태 환경 보호에 심혈을 기울이고 있습니다. 그 외 기간은 눈이 쌓여 있어 진입조차 할 수 없음은 물론입니다.

호수를 둘러보는 동안 놀랍게도 이 아름다운 호수와 넓은 숲속에 사람의 그림자라곤 눈을 씻고 봐도 찾아보기 힘듭니다. 하루 입산이 허락된 42명과 통나무집 로지, 호수 주변 오두막 캐빈, 캠프사이트에서 체류하는 사람들은 이미 수십 개 산악 트레일에서 트레킹 중이거나 숲속으로 흩어졌기 때문인가 봅니다. 우리처럼 걸어서 올라온 트레커들은 별로 눈에 띄지도 않았지만, 그들도 이미 숲속과 트레일로 흩어졌으리라 생각됩니다.

이마의 땀을 훔치며 사방을 다시 두리번거렸습니다. 하늘을 찌를 듯 높이 솟은 나무숲과 신비스러운 호수, 절묘한 형상의 위와시 피크, 후버산, 유니스산, 형가비산, 비들산, 샤퍼산, 오다레이산의 품에 안겨 있는 이곳은 신들이 지상에서 축제를 벌이다 남겨 놓은 정원임에 틀림없습니다. 호수를 따라 세워진 오두막 캐빈은 요정들의 정원입니다. 그 모습이 마치 박물관 벽에 전시된 한 폭의 파스텔화를 연상케 합니다.

불현듯 여기까지 땀 흘리며 올라온 기회에 하룻밤 체류하고픈 또 다른 욕망의 불꽃이 타올랐습니다. 욕망이라는 기관차는 피니시 라인에 도착해서도 그칠 줄 모르고 계속 뛰려는 속성이 있나 봅니다.

찻집을 겸한 안내센터에 들어가 숙박할 수 있는지를 타진했습니다.

탐방센터의 박제된 곰   숲속을 어슬렁거리는 갈색 곰 그리즐리

오하라 호수 주변 둘레길

안내 직원은 한심한 표정으로 나를 바라보지만, 상냥한 미소를 잃지 않고 대답했습니다. "이 숙소는 1월부터 4월까지는 스키어, 스케이터 등 겨울 스포츠 마니아들과 캐나다 알파인클럽 회원들에 의해, 6월부터 10월까지는 오하라 호수 트레일 클럽 회원들에 의해 성수기 시즌은 3년 전부터 마감되고, 적어도 1년 전에는 대부분 예약이 끝난다."고 합니다.

이곳 말고도 응급 피난처로도 쓰이는 "통나무집Elizabeth Parker과 오두막 대피소Abbhot Pass가 있지만, 호수에서 500m 떨어진 숲속 통나무집 예약은 작년 가을에 온라인 신청 후 로터리 식 추첨으로 이미 예약이 끝났고, 호수에서 3시간~4시간 거리 바위산에 있는 오두막 대피소 Abbhot Pass도 전문 산악 장비를 갖춘 숙련된 산악인만 접근이 허용되지만, 이마저도 예약이 이미 끝났다."고 합니다.[37]

안내 지도를 다시 펴보니 오하라 호수 이외에도 유크네스 호수, 빅토나 호수, 메어리 호수, 레프로이 호수, 오에사 호수, 오파빈 호수, 헝가비 호수, 무르 호수, 캐시케이드 호수, 샤퍼 호수, 맥아더 호수가 기암괴석과 숲속에 보석처럼 산재해 있습니다. 호수와 호수는 트레일로 서로 연결되어 있고, 트레일마다 안내표지판에 '오하라 트레일 클럽의 지원에 의해 트레일이 개설되었다'는 안내문이 보입니다.

하늘을 보니 태양은 거침없이 중천을 지나 서쪽 캐씨드럴산으로 성큼 기울어 가고 있습니다. 하산을 서둘러야 할 시간입니다. 하지만, 아

---

37 셔틀버스 시간표와 숙소 & 예약
  가. 버스예약 및 시간표
  - 오하라 호수 입산 신청 및 셔틀 예약 창구 Open: 2019. 4. 23. 08:00 am
   : +1-250-343-6433, www.reservation.pc.gc.ca
    https://www.pc.gc.ca/en/pn-np/bc/yoho/activ/randonnee-hike/ohara/reserve?
    gccf=true
  - 들어가는 시간: 08:30, 10:30, 15:30, 17:30(오후 출발은 Over night guest only)
  - 나오는 시간: 09:30, 11:30, 14:30, 16:30, 18:30
  - rmadr: 성인 $14.7, 학생 $7.30
  나. Lake O'Hara Lodge 예약: www.lakeohara.com, +1-604-343-6418, +1-403-762-
    2118, www.parkscanada.gc.ca/lakeohara
  다. Elizabeth Parker and Abbot Pass Huts 여름 예약 - 전년도 가을에 해야 함.
    :www.alpineclubofcanada.ca
  라. Lake O'Hara campsite & Bus 예약: 2019. 4. 1. 08:00 am, +1-604-343-6433,
    www.lakeohara.com
  마. Alpine Club of Canada: www.alpineclubofcanada.ca +1-403-762-4481

신들의 땅 로키

직도 둘러보고 싶은 곳 목록이 산더미처럼 쌓여 있습니다. 이제 겨우 오하라 호숫가를 트레킹하며 호수 주변과 숲속을 둘러보았지만, 정작 오하라 호주 주변에 숨겨진 24개의 다른 호수, 24개의 하이킹 트레일, 5개의 빙하는 탐험에 나서지도 못했습니다.

문득 이 금단의 장원 문을 괜히 열고 들어왔구나, 하는 생각이 듭니다. 차라리 알지 못했다면 궁금하지나 않았을 것을…. 짧은 시간 동안 비밀의 신계를 보고 나니, 보면 볼수록 호기심은 눈덩이가 구를수록 더 커지듯 자꾸만 커져 갑니다.

이제 이 지역을 벗어나야 할 시간이지만, 발걸음이 떨어지지 않습니다. 어두워지기 전에 12㎞ 떨어진 주차장까지 가야 할 거리와 시간을 계산했습니다. 더 이상 머뭇거려서는 안 될 것 같습니다. 문득 얼마 전 서쿼피크 정상에 오르다가 하늘나라 문고리를 잡고 그 문턱을 자칫 넘을 뻔했던 아찔했던 순간이 떠올랐습니다. 험산에서 용기만 가지고 만용을 부려서는 절대 안 된다고 몸에 피가 맺히도록 체험한 교훈입니다.

오늘 다 이루지 못하는 아쉬움은 크지만, 다음에 해야 할 숙제로 남겨야겠습니다. 이솝 우화 '신 포도 이야기'처럼 들릴지도 모르지만, 문제는 풀기 위해 주어지는 것이고, 숙제는 정해진 다음 시간까지 해결하라고 기간을 연장해 주는 것 아닌가요!

다음에 올 때는 예약이 어렵고 비용이 다소 비싸더라도 오하라 호숫가 로지에 머물며, 호수 주변 트레일을 하나하나 섭렵해야겠습니다. 휴가철이나 성수기 예약은 3년 전에 마감된다고 하니, 미리미리 예약을 서둘러야겠지요. 가능하다면 겨울철 설산 하이킹이 더욱 운치 있으리

오하라 호수의 또 다른 모습

라 생각됩니다.

트레킹 성지인 이곳에서 이번에도 희망 가득한 숙제만 남겨 놓고 떠납니다. 인생은 역시 미완성 진행형인가 봅니다.

신들의 땅 로키

18

로키에 부는
황색바람

에메랄드 호수에서 보트 놀이를 하는 중국인 일가족

중국인에 이어 인도인까지도 로키를 수중에 넣으려고 하나 봅니다. 몇 년 전까지만 해도 로키에서 인도인들을 만나기는 쉽지 않았습니다. 기껏해야 하루에 두세 팀 볼 수 있는 것이 고작이었으나 이제는 옛말이 되었습니다.

패키지 상품으로 몰려온 단체 관광객과 모터 홈이나 승용차를 타고 온 중국인과 인도인이 로키 구석구석을 활보하고 있습니다. 사방 곳곳에서 중국인과 인도인 특유의 톤 높은 억양이 쏟아져 나오고, 그들의 족적이 로키 사방에 도배되고 있습니다.

우리나라에도 한때 제주도에 중국인 관광객들로 넘쳐난 적이 있었습니다. 14.4억 인구의 폭발력은 대단합니다. 제주도민보다도 많은 중국인이 관광과 투자 목적으로 제주도로 몰려왔습니다. 조용했던 제주도 천지에 한국말보다도 중국말이 큰 소리로 울려 퍼졌습니다.

시내 주요 백화점이나 상가도 상황은 비슷했습니다. 중국 음식점들이 개점 성업했고, 중국인 관광객이 백화점과 공항 면세점을 점령하며 북새통을 이루자 "이제 제주도는 한국 땅이 아니라 중국인들의 놀이터가 되었다."고 우려하는 소리가 높았습니다.

많은 부동산 소유권이 중국인 수중으로 넘어갔고, 제주 도민들이 도심에서 변방으로 밀려나기도 했습니다. 로키가 바로 그런 상황을 눈앞에 두고 있습니다. 자본주의의 꽃인 시장과 자본의 위력 앞에 국경이 허물어지고, 부의 이동이 일어나면서 시장 판도가 바뀌고 있습니다.

홍콩이 1997년 7월 중국에 반환되었습니다. 1840년 아편전쟁 결과로 영국에 점령되고, 난징조약으로 영국의 실질적 지배를 받아온 지 150년 만에 국권이 회복되었습니다. 축하해야 할 일입니다. 그런데 그동안 영국 통치하에서 자유를 만끽했던 많은 홍콩인들은 공산 정권의 지배를 우려하여 달러를 싸들고 해외로 이주했습니다. 밴쿠버는 홍콩 자본의 특수를 누려 부동산 불패 신화를 이루며 홍쿠버로 발전했습니다.

벤쿠버의 전망 좋은 집과 상업용 부동산이 홍콩인과 인도인 차지가 되었고, 다운타운 상권 좋은 곳에 중국인과 인도인 상가와 음식점들이 들어섰습니다. 도심에 살던 캐나다인들은 중심에서 외곽으로 밀려났습니다. 한번 외곽으로 밀려난 캐나다인들이 다시 도심으로 들어오는 일은 그리 녹록해 보이지 않습니다.

그로부터 채 몇 년도 지나지 않아 이번에는 그보다도 더 많은 중국인과 터번을 쓴 인도인이 국제화·개방화 물결에 따라 베개 밑에 감추어 둔 달러 뭉치를 싸들고 밴쿠버로 몰려들었습니다. 부동산은 천정부지로 치솟았고, 많은 전문가들이 밴쿠버 부동산 버블을 경고했습니다.

그러지만 이를 비웃기라도 하듯 1980년대부터 지금까지 단 한 차례도 불황을 겪지 않고 수직 상승하여 뉴밀레니엄 시대 초반 가격에 비해 1,000% 가까이 올랐습니다. 2018년 말에 BC주 부동산 협회가 발간한 보고서에 의하면 BC주 부동산 가격은 1년 전보다 15.0%나 상승했다고 합니다.

중국인과 인도인은 1881년부터 1885년 사이 동부 캐나다와 밴쿠버 사이 대륙을 횡단하는 태평양 철도가 놓일 때 노동자로 참여하면서 캐나다에 진출하기 시작했고, 그 이후 도시·도로·교량건설·농업에 필요한 수많은 노동 인력이 이민성 이주를 했습니다.

한국인들은 1960년대 초반부터 캐나다로 소규모로 이주하기 시작했고, 1980년대부터 기술 이민 형식으로 이민을 택하기도 했습니다.

신들의 땅 로키

1990년부터 30여 년 동안 자녀들을 미국, 캐나다, 호주, 필리핀 등으로 유학 보내는 일이 유행병처럼 번졌습니다. 자녀 교육을 목적으로 이민을 결행한 사람들도 많았습니다. 상당한 국내 자산이 자녀 교육 명목으로 캐나다로 유출되었음은 부언의 여지가 없습니다. 수많은 부모가 자녀에게 보다 좋은 미래를 안겨 주기 위해 자진하여 기러기가 되었고, 자녀 교육 때문에 별거 중이던 부부들이 갈라서는 가슴 아픈 시련을 겪은 경우도 있었습니다.

밴쿠버에 유학 중인 자녀 교육을 위해 주택을 구입한 지인이 있습니다. 집을 사서 별거 생활을 하며 자녀 교육을 다 마친 후에 부동산을 정리하고 정산해 보니, 10여 년 이상 들어간 교육비와 생활비 등 제 비용을 다 감하고도 부동산 가격 상승으로 상당한 시세 차익을 남겼다는 신화적인 이야기도 들려왔습니다.

얼마 전, 절친한 지인이 자녀 교육을 위해 이주해서 살고 있는 UBC 대학 근처 그의 자택을 방문했습니다. 그 친구도 자녀 교육을 위해 학군이 좋은 밴쿠버 남서쪽에 집을 구입했습니다. 전망과 학군이 좋고 도심 접근이 용이하여, 밴쿠버에서 비교적 부유한 사람들이 모여 사는 부자 동네입니다.

특히 그 지역 부동산은 천정부지로 치솟아 웬만한 주택 한 채 가격이 삼사십억 원 이상을 호가하지만 매물을 찾기 어렵습니다. 운동하기 위해 그 동네 수영장이 딸린 헬스클럽을 방문하고는 깜짝 놀랐습니다. 멤버십을 가진 90% 이상의 고객이 중국인이었습니다. 이곳 초·중·고교 학생들 대부분이 중국인 학생들이라고 합니다. 이런 현상은 비단 밴쿠버뿐만이 아닙니다.

이제 자녀들의 영어 교육을 위해서라면 해외로 보내는 것은 재고해야 합니다. SAT나 TOEFL 또는 영어 교육 기법으로만 따진다면 한국은 세계 최고 수준이지요. 캐나다나 미국에서 유학 중인 학생들이 진학 시 유리한 점수를 얻기 위해 방학 기간 동안 단기·집중적교육을 목적으로 한국으로 역유학을 오는 경우를 심심치 않게 봅니다.

밴쿠버 다운타운의 높은 부동산 가격은 버나비, 써리, 코퀴틀람, 랭리, 애보츠포드 등 인근 도시 부동산 값 상승으로 번져 나갔습니다. 미국이 리먼브러더스 사태로 금융 위기를 겪고 파국 직전까지 가며, 그 파고로 전 세계 경제가 쓰라린 고통을 받을 때도 밴쿠버는 부동산 버블을 경험하지 않고 오히려 더욱 기세등등하게 상승했습니다.

근래 밴쿠버나 인근 지역 부동산 매물은 자취를 감추었습니다. 가끔씩 매물이 나온다 하더라도 소유주가 제시하는 가격에 10%~20%를 더 지불해야 거래가 성사됩니다. 부동산 매매는 소유주가 받고자 하는 최대 가격을 제시하고, 구매자는 제시 가격의 80~90% 선에서 협상이 이루어지는 것이 거래의 통례입니다. 그러나 뭉칫돈을 싸들고 다니는 중국인과 인도인은 좋은 매물이 나오기가 무섭게 제시 가격의 10% 이상을 현금을 주고 구매합니다.

그들은 주택뿐만 아니라 상업용 부동산, 비즈니스 등을 닥치는 대로 사들이며 활동 범위를 넓히고 있습니다. 이제 밴쿠버는 홍쿠버를 넘어 중쿠버로 바뀌었고, 인쿠버로 변해 가고 있는 것 같습니다.

2년 전 여름방학 기간에 미국 동부 명문 하버드대학교, 예일대학교와 몬트리올의 맥길대학교, 토론토의 토론토대학교, 밴쿠버의 UBC대학교를 방문하고는 깜짝 놀랐습니다. 거리를 오가는 사람들 절반 이상이 중국인 학생과 학부모들이었습니다. 재학생들도 있지만, 대부분은 방학 기간 동안 미국과 캐나다 대학을 방문하여 수학 기회를 타진하려는 예비 대학생과 학부모들이었습니다.

이 학생들이 학업을 마친 후 미국이나 캐나다 사회 주요 기업에서 주류 세력으로 자리 잡거나 그들의 조국으로 돌아가서 자신들 나라의 미래를 견인할 두뇌들이라고 생각하니 와락 소름이 돋았습니다.

언어는 문화, 국가의 위상, 경제력, 국가의 미래를 가늠해 볼 수 있는 중요한 척도입니다. 현재 세계인구는 77.84억 명이며, 그 가운데 영어 사용 인구는 약 16%인 12억 명 정도인데, 앞으로 500년이 지나면 대부분의 언어는 고어古語로 사장死藏되고 영어와 중국어만 남게 될지도 모릅니다. 일억 삼천만명이 사용하는 일본어는 소수 언어로 남을 것 같습니다. 51,845,427명이 사용하는 한국어가 살아남기를 바라지만, 만약 현재와 같은 속도로 인구가 줄어든다면 오백년 후의 서울에서 한국말 듣기 어려울 것 같습니다. 이 경고가 사실로 실현되기를 바라는 한국인은 아무도 없을 것입니다. 우리가 경제뿐만 아니라 언어와 인구정책에도 신경써야할 이유이기도 합니다.

캐나다는 세계에서 두 번째로 넓은 국토를 가진 나라입니다.[38] 동쪽으로는 대서양에서, 서쪽으로는 태평양까지, 북쪽으로는 북극해에 접

---

38 세계적으로 가장 넓은 영토를 가지고 있는 국가의 1위-5위 순위별 면적
- 1위: 러시아 17,075,200㎢(한반도의 78배)
- 2위: 캐나다 9,984,670㎢(한반도의 46배)
- 3위: 미국 9,631,418㎢(한반도의 44배)
- 4위: 중국 9,596,960㎢(한반도의 44배)
- 5위: 브라질 8,511,965 ㎢(한반도의 39배)
- : 한반도 222,223㎢(남한 100,210km², 북한 122,762km²)

로키를 찾은 중국인 단체 관광객 가족

나이아가라의 인도인 가족

MIT 캠퍼스 투어중인 중국 학생들

하버드대학교 탐방중인 중국 학생과 학부모

신들의 땅 로키

해 있으며, 남쪽으로는 미국과 세계에서 가장 긴 국경을 마주하고 있습니다. 국토는 유럽 전체를 합친 면적보다도 넓습니다. 그 넓은 땅에 고작 36,300,000명의 사람들이 살아갈 뿐입니다.

넓은 땅 곳곳에서는 온갖 천연자원을 끝없이 토해내고, 산림자원이 무한대에 가까울 만큼 빽빽하게 우거져 있습니다. 개발되지 않고 방치되어있는 북부 광활한 땅까지 고려한다면 세계에서 발전가능성이 가장 큰 나라입니다.

중국은 세계 두 번째로 경제 규모가 큰 나라이고, 인구가 14.4억 명에 이릅니다. 인도인도 13.7억 명을 넘어서고 있습니다. 2025년이 되면 무서운 속도로 증가하는 인도 인구가 중국을 추월한다고 합니다. 인구통계가 그러할 뿐이지 만약 전 세계에 흩어져 있는 외국 국적 중국인과 인도인까지 포함할 경우 세계 인구의 약 40%가 중국인과 인도인입니다.

두 나라 경제활동인구 가운데 1%만 캐나다로 이주한다고 가정할 경우, 밴쿠버를 '홍쿠버'라고 부르듯이, 캐나다가 '중나다'나 '인나다'로 바뀌는 것은 시간문제일 것 같다는 생각을 갖지 않을 수 없습니다.

우리는 이제 전 세계 어디를 가도 한국인 만나는 것은 어렵지 않은 시대에 살고 있습니다. 지도상에는 존재하지만 우리와는 거의 국제 교류가 없었던 발틱해 연안국 에스토니아Estonia, 알래스카 동토 최북단 푸르드호 베이Prudhoe Bay, 심지어는 태평양의 작은 섬 팔라우Palau에도 한국인들은 잘 적응하여 꿋꿋하게 살고 있습니다.

3년 전, 알래스카 최남단 섬 코디액Kodiak을 방문했다가 그곳에서 수산물 가공 공장을 운영하는 한국인 사업가를 만난 적이 있습니다. 알

래스카 남해안에서 잡아온 수산물을 가공하여 전 세계로 수출한다고
합니다. 그와 대화를 나누면서 나는 세계 경제의 흐름을 읽는 그의 해
박한 지식과 지식사회의 미래, 그리고 수출입 동향에 대한 놀라운 식견
에 탄복했습니다.

그도 한국에서 대학을 졸업하고 몇 년 동안 회사 생활을 하며 세계경
제를 주시하다가 알래스카로 오게 되었다고 합니다. "인류 문명이 아무
리 진화하고 발전해도 먹거리 문화는 크게 바뀌지 않았으며, 대체될 수
도 없다는 점에 착안하여 수산업을 미래 유망 산업으로 보게 되었다."
고 합니다.

그는 대학을 졸업하고 2~3년씩 취업을 위해 학원가나 도서관을 전전
하는 한국 학생들의 취업 현실을 안타까운 마음으로 바라본다면서 한
마디 조언했습니다. "세계 도처에는 할 일이 참 많습니다. 비좁은 국내
에서 경쟁하며 아까운 시간과 정열을 낭비하지 말고, 넓은 세계를 거시
적 안목으로 바라보고 앞으로 나갈 큰 길을 찾으면 좋겠습니다."라고…

알래스카 남단 코디액 섬 수산물 가공·수출회사

신들의 땅 로키

2019년 11월 한국 KOSIS 통계에 의하면 800만 재외 국민을 제외한 한국인(남한)은 51,851,427명입니다. 전 세계 인구의 0.09%도 안 되는 소수입니다. 문제는 인구 감소가 심각하게 진행되고 있으며, 2050년에는 4천만 명대 수준으로 급락할 것이라는 예견입니다.

전 세계 지식과 정보가 인터넷 망으로 연결되고 인공지능인 AI와 의·생명과학 기술이 세계화 흐름을 주도해 가는 시대에 외국으로 나가는 이민자뿐만 아니라 외국인의 역이민 문제에 대해서도 심각하게 신경을 써야 할 시점입니다.

지금 우리나라 전역은 공시족 열기로 뜨겁습니다. 공무원이 되기 위해서이지요. 전국 수험생이 30만이라 합니다. 노량진 학원가에만 약 50,000명에 달하는 공시족 젊은이들이 하루 13시간 이상을 학원과 고시원에서 시험 준비에 매달리고 있습니다. 대단한 열기가 아닐 수 없습니다.

공시족 가운데 공무원 합격률은 평균 1.8%밖에 되지 않습니다. 2%도 안 되는 가능성에 자신의 미래 운명을 걸고 비좁은 공간에서 컵밥을 먹으며 젊음을 보내는 현실이 참으로 안타깝습니다. 공무원이 되어 일평생을 보장받는 편안한 삶을 살기 위한 희생치고는 가혹합니다.

설사 시험에 합격해서 공무원이 된다 하더라도, 그렇게 우수하고 똑똑한 영재들이 공무원 사회에서 변화와 혁신을 주도하고, 자신의 유능한 실력을 발휘하며 일평생을 행복하게 살아 갈 수 있을지 의문입니다. 게다가 98.2%의 낙오자들은 어디에서 무엇으로 그들의 젊음과 미래를 보상받을지 안타깝기 그지없습니다.

우리 사회가 급속하게 활력을 잃어 가고 있습니다. 창조정신과 개척정신이 사라져 가고 보신과 안정이라는 달콤한 열매만을 취하려는 데 문제가 있습니다. 그 문제에 기성세대와 사회가 해법을 제시해야 합니다.

청년실업수당을 주는 것이 아니라 창업지원에 관심과 투자를 집중하고, 젊은 청년들이 가슴 떨리는 꿈을 펼칠 수 있도록 격려하며, 변화와 혁신에 앞장서도록 보살펴 주어야 합니다. 성공 사례에만 박수를 보내지 말고, 실패한 사람도 일어설 수 있도록 격려의 손을 내밀어 다시 뛸수 있도록 일으켜 주어야 합니다.

미국 투자가이며 퀀텀펀드 공동 창립자인 콜롬비아대학교 객원교수 짐 로저스James Beeland Rogers, Jr는 얼마 전 한국의 미래를 진단하며 "한국에 매력적인 경쟁력이 보이지 않는다."고 우려를 나타냈습니다. 그리고 "한때 아시아에서 가장 발전 가능성이 크다고 칭송받던 한국이 너무 빨리 축배에 취해 비틀거리고 있다."고 경고했습니다.

한국 산업의 노령화와 한국 젊은이들의 취업 현실에도 우려를 표시하면서, "젊은이들은 창조적이고도 혁신적 사고로 미래를 바라보라."고 조언했습니다. 그는 "어린 시절 땅콩을 팔았고, 야구 경기장에서 팬들이 남기고 간 빈병을 주워 돈을 벌며 미래를 도모한 적도 있다."며 젊은이들의 도전정신과 개척정신을 강조했습니다.

21세기 혁신의 아이콘인 애플의 전 CEO/회장 스티브 잡스Steven P. Jobs도 스탠포드 대학교 졸업식 축사에서 자신도 "청운의 꿈을 품고 애플 창업에 전념하던 젊은 시절 한때 캠퍼스 구석에서 깡통을 주워 팔아 생계를 유지한 적이 있었노라."고 고백하면서 젊은이들의 기업가 정신과 개척 정신을 강조했습니다.

멈추어 서서 집중하고 바라보면 보이는 것이 참 많습니다. 꿈과 희망이 있는 사람에게 기회는 항상 열려 있습니다. 우리보다 경제·기술 수준이 30% 이상 낙후되었다고 생각해 왔던 중국이 단기간에 가난에 찌든 나라에서 세계에서 경제 규모가 가장 큰 G2로 진입하는 초유의 기적을 이루었으며, 실리콘밸리를 능가하는 IT 강국으로 부상했습니다.

어떠한 시각으로, 어디서 무엇을 하며 어떻게 살 것인가, 하는 물음 앞에 자신을 진솔하게 점검하고, 눈을 들어 세계를 바라보면, 세계 도처에 창의적 사고로 도전할 수 있는 분야는 얼마든지 있습니다.

중국인과 인도인이 황색 바람을 일으키며 캐나다를 변화시키는 것처럼, 우리 젊은이들도 세계를 품겠다는 가슴 뛰는 도전으로 캐나다 변화와 혁신의 주인공이 되었으면 좋겠습니다. 하버드·예일·스텐포드·맥길·토론토에서 황색 바람을 일으키며 활보하는 황색 동양인들처럼, 세계와 캐나다를 무대로 한국 풍風을 신바람 나게 일으키며…

맺는 말

로키 산책을 마치며

우리는 공동체 속에서 여러 사람들과 다양한 관계를 맺고, 그 관계의 틀 속에 묻혀 그것이 세상의 전부인 것처럼 살아갑니다. 하지만 높은 산이나 비행기 위에서 우리가 사는 세상을 내려다보면, 아니 우주선을 타고 우주 공간에서 우리가 살고 있는 지구를 바라볼 수 있다면 우리 눈에는 지금까지 보이지 않았던 새로운 세상이 보일 것이며, 자그마한 일에도 희로애락해 왔던 우리는 좀 더 폭 넓고 의미 있는 삶을 위해 어떻게 해야 가치 있는 삶을 살게 되는지를 다시 한번 생각하게 될 것입니다.

세계지도를 자세히 들여다보면 지나온 인류 역사와 문명사가 한눈에 보입니다. 세계 4차 산업의 미래도 들여다보입니다. 그동안 나는 세계 문화유산과 자연유산을 찾아 여러 곳을 다녔습니다. 젊은 사람들에게도 시야의 폭을 넓혀 열린 세계를 지향하며, 보다 큰 뜻을 품고 넓은 세계로 나갈 것을 권유했습니다.

"세계 무대는 넓고 할 일이 많으니 좁은 땅에 안주하지 말고 넓은 땅, 열린 세계를 바라보고 큰 꿈을 꾸어라!" 그리고 "21세기 신지식사회를 주도해 나가는 미래 산업혁명-AI, 나노, 사물인터넷, 빅데이터, 클라우드, 유전학, 생명공학 트렌드 등-은 어떻게 진화할 것인지를 머리로 부딪치며 다양한 경험을 축적하고 미래를 개척하라!"고 주문하곤 했습니다.

지금까지 내가 겪어 본 가장 가슴 떨리는 문화유산은 바티칸박물관이 소장한 헬레니즘 시대 최고 걸작 '나오쿤 군상'입니다. 독뱀에 온몸이 휘감겨 고통으로 몸부림치는 트로이의 예언자 라오쿤과 공포에 질려 죽어가며 절규하듯 아버지를 애타게 바라보는 두 아들의 절묘한 해부학적 인체 묘사! 비탄에 잠긴 채 어찌할 바를 모르고 절망스러운 상황을 그저 바라볼 수밖에 없는 나오쿤의 일그러진 얼굴 표정! 어떻게 그런 극단적 비극을 장엄하고도 섬세한 아름다움으로 묘사할 수 있었는지, 2,000년 전 미상 작가의 놀라운 상상력과 천재적 표현 기법에 전율했습니다.

로마의 베드로 대성당Basilica Vaticana에서는 인류 역사상 최고 귀재이자 위대한 예술가 미켈란젤로Michelangelo di Lodovico Buonarroti Simoni의 천재성과 장엄하면서도 섬세하고 완벽하리만치 아름다운 성당에서 뿜어 나오는 위압감에 가슴이 터질 것만 같아 넋을 놓고 바라보며, 신이 인간에게 부여해 주신 위대한 능력에 탄복하지 않을 수 없었습니다.

루브르박물관에서는 '밀로의 비너스Venus de Milo'를 바라보며 사랑과 미를 관장하는 여신 아프로디테의 아름다운 여체와 신비스러운 곡선미에 매료되어 며칠 동안 박물관과 그 주변을 빙글빙글 돌며 작가의 작품 의도가 무엇인지 궁금해서 생각에 잠겼던 적도 있습니다.

세상에 아름다운 자연은 참 많습니다. 케나이반도와 피오르드, 그랜드 캐니언, 브라이스 캐니언, 세도나의 황금빛 석양, 요세미티, 밴쿠버

섬, 밀포드사운드, 사우디아라비아의 모래언덕… 이 외에도 그 이름을 다 열거하기에는 숨이 가쁘고 호흡이 모자랄 지경입니다.

그동안 눈으로 보았던 여러 자연 가운데 가장 아름다운 곳은 신비의 베일에 싸여 있는 알래스카라고 늘 생각해 왔습니다. 그런데 로키를 구석구석 탐사하면서 생각이 바뀌었습니다. 경이와 신비로 가득 채워진 백야의 알래스카가 아름다운 것은 사실이지만, 로키는 알래스카의 거대하고 신비로운 아름다움을 한곳에 모아 놓은 듯한 알래스카의 축소판입니다.

이제는 자신 있게 대답할 수 있을 것 같습니다. 하나님 나라에서 '너는 세상에서 무엇을 하다가 왔느냐?'고 물으실 때, "대부분 사람들은 신이 지상에 창조한 가장 위대한 곳을 그랜드 캐니언이라고 생각할지 몰라도, 신이 살고 싶어 할 가장 아름다운 곳은 로키가 틀림없다고 확신하기에, 그 비경을 구석구석 탐방하며 로키 진면목을 세상 사람들에 게 널리 전하다 왔다."라고 말입니다.

그동안 로키에는 여러 차례 왔습니다. 매번 올 때마다 짧은 시간을 틈내어 3~4일 동안 주마간산 식으로 산과 호수를 들러 보았습니다. 그러고는 산을 떠날 때마다 항상 아쉬움을 달래며, 다음에 다시 올 때는 이 대자연을 구석구석 탐방하며 로키의 비경과 나의 경험을 이웃 사람들과 나누며 공유해야 하겠다는 숙제를 남기곤 했습니다.

이번에 100여 일 동안 로키에 머무르는 동안, 현미경으로 들여다보듯이 로키의 속살을 구석구석 탐방하며 발자국을 남겼습니다. 그리고는 창조주의 뜻을 헤아리며 신비로운 산과 호수, 협곡, 폭포, 빙하 트레일을 자세히 살폈습니다.

로키의 문을 열고 때 묻지 않은 하얀 속살을 본 느낌을 한마디로 정리한다면, 로키는 생각보다 훨씬 크고, 광대하고, 우아하고, 섬세하며, 우리에게 익숙한 자연과는 너무도 다른 신비로운 매력으로 가득 찬 장원이라는 사실입니다.

　로키는 산뿐만 아니라, 기암석·협곡빙산·호수·초원·동식물에 이르기까지 온갖 생명체와 무생물들이 모여 자연의 대 서사시를 합주하는 향연이 벌어지는 축제의 공간이며, 야외 스포츠의 요람이기도 합니다.

　피톤치드가 쏟아져 흐르는 산 내음이며, 가슴 시리도록 맑은 공기며, 형형색색 아름다운 자태를 뽐내며 은은한 향기를 품어내는 야생화며, 태고의 침묵과 고요가 흐르는 심산계곡이며, 무엇 하나 나무랄 데 없는 신들의 공간입니다. 이 세상에 천국이 어디 있으리요만, 천국처럼 보이고, 천국처럼 느껴지고, 천국에서처럼 생활할 수 있는 곳! 그런 곳이 있다면 그곳이 천국 아닌가요?

　이 세상에 신의 땅 아닌 곳이 어디 있으리오만, 굳이 로키를 신들의 땅이라고 하는 이유는 신이 지상에 세운 가장 위대한 걸작이라고 생각하기 때문입니다.

　이제 로키 산책을 마감해야겠습니다. 오랫동안 이 정원에 머물렀지만, 경이와 신비로 가득한 아름다운 산세가 눈에서 떠나지 않습니다.

　재스퍼 비경 숲속에서 생존 질서에 순응하며 살아가는 무스며, 사슴이며, 곰이며, 큰뿔산양의 숨결과 호흡이 귓가에 맴도는 듯싶습니다. 파라다이스 밸리 계곡에서 땅에 코를 박고 킁킁거리며 먹잇감을 찾던 검정 곰이며, 말린 계곡 도로를 유유히 지나던 염소네 가족이며, 페어뷰산 정상에서 목을 곧추세우고 빅토리아산과 레이크 루이스를 번갈아 바라보며 낯선 이방인 출현을 궁금해하던 땅 다람쥐 눈망울도 눈에

선합니다.

콜롬비아 빙하 계곡 척박한 돌틈에 앙증맞은 꽃대를 피워 올리고 세찬 바람에 온몸으로 저항하던 이름 모를 야생화며, 햇살의 따가움을 견디지 못해 속절없이 녹아내리던 빅토리아산과 후버산, 헝가비산 빙하도 그 뒷이야기가 궁금해집니다.

매력 가득한 땅에서 발걸음을 떼려 하니 자꾸만 망설여집니다. 보고 경험한 비경보다도 아직 가보지 않았으되, 사람의 발길이 닿지 않는 신비로움이 너무나 많이 산재해 있기 때문입니다.

시작이 있었기에 매듭이 있어야 합니다. 이제, 아쉬움을 뒤로한 채 로키에서 전하는 마지막 편지를 띄웁니다. 그동안 뜻을 가지고 계획을 세웠으되 접근하지 못했던 수많은 숙제는 다음에 누군가가 와서 소식 전하리라는 희망을 가지고, 더 나은 삶을 살기 위한 기회의 열쇠를 다음에 올 누군가에게 넘기며, 편지 마지막 페이지를 닫습니다.

신들의 땅 로키

Motor Home - RV로 떠나는 자유 여행

한국 근대화 초기에 이 땅에 온 이래 4대에 걸쳐 124년간 한국과 연세대학교를 섬기고 봉사하며 한국인으로 살아온 언더우드 가문이 공식적인 봉사활동을 마치고 2009년 미국으로 돌아갔습니다. "한국 국제화도 거의 완성된 것으로 생각하고, 이제는 모국에서 해야 할 역할이 있을 것이다."라는 말을 남기며 미국으로 돌아간 언더우드 가문의 마지막 봉사자 언더우드 박사Horace Horton Underwood Jr는 "당분간 RV를 타고 미국 전역을 여행하며 가문의 새로운 계획을 구상하겠다."고 자신의 의지를 밝혔습니다.

북미나 유럽에서 휴가철뿐만 아니라 평상시에도 각종 생활 편의 시설이 갖추어진 차량을 타고 수개월씩 혹은 수년간 장기 여행을 하는 모습을 종종 보게 됩니다. 그곳 사람들이 장기 휴가 때 혹은 은퇴 이후에 꿈꾸는 여행 패턴입니다.

북미에는 어느 지역에나 RV Park와 캠핑장Campground이 잘 갖추어져 있습니다. 도심 가운데에도 시설이 우수한 RV Park가 있으며, 국립공원과 주립공원, 바닷가 캠핑장 주변은 경관이 아름답고 각종 편의 시설도 잘 갖추어져 있을 뿐만 아니라, 이용 요금도 저렴하여 휴양지로서 인기가 높습니다.

몇 년 전, 산티아고 순례길Camino을 명상하며 순례 여행한 적이 있습니다. 프랑스 남서부 생장 피테포르St. Jean Pied de Port에서부터 스페인의 산티아고Santiago de Compostela를 거쳐 고대시대부터 땅끝 마을이라고 인식해 온 피스테라Paro de Fistera까지 까미노를 걷는 동안 인생은 무엇인가(?) 하는 인문학의 기본적인 문제에 대해 질문을 던지며, 지나온 삶을 되돌아

보았습니다. 그리고 나에게 주어진 삶과 시간을 어떤 가치 있는 일에 사용할 것인가를 생각하며 역사와 인생과 미래에 대해서 많은 생각을 했습니다.

길을 걷는 동안 나는 내가 소유하고, 아직까지 내 것이라고 믿어 왔던 모든 것들이 사실은 내 것이 아니라 나에게 맡겨진 것이며, 언젠가는 역사 속에 내려놓아야 할 짐이라는 사실을 깨달았습니다. 그리고 모든 욕심과 번민과 집착으로부터 자유로울 수 있었습니다.

걸으면서 얻은 결론은 우리 삶은 현재진행형이고, 지나간 과거는 기억 속에만 존재할 뿐 다시는 돌이킬 수 없으며, 미래는 현재의 연장선상에서 다가오는 다음 시간일 뿐 영원히 다가갈 수 없는 영역에 있다는 사실입니다. 그래서 우리는 미래를 꿈꾸되, 현실을 직시하고 현실에 충실해야 합니다.

순례길을 걷는 동안 Motor Home/RV를 가지고 순례길을 동행하는 부부를 만난 적이 있습니다. 그들 부부를 보면서 우리와는 다른 방식으로 자유롭게 여행하는 그들의 행태를 관심 있게 지켜보았습니다. 그때부터 나는 그 어떤 제약이나 속박으로부터 벗어난 자유 여행을 선호해 왔습니다.

지구에는 46억 년 역사가 살아 숨 쉬고 진화하면서 만들어 낸 빼어난 걸작품이 참 많습니다. 대영박물관, 루브르박물관, 러시아국립역사박물관, 바티칸박물관, 보스턴박물관에 가면 입장하는 순간부터 흥분으로 가슴이 떨립니다. 북미나 남미에는 상상 속에서나 그려볼 수 있을 만큼 절묘하고도 아름다운 자연경관과 비경이 곳곳에 숨겨져 있습니다. 북미 지역 장기 여행을 계획하신다면, 나는 RV를 이용한 박물관 탐사나 자유 여행을 해 보라고 감히 권합니다.

RV^{Recreation Vehicle}란 레저 및 여행 등 레크리에이션 활동을 편리하게 하기 위해 전기·수도·침대·거실·취사시설·샤워시설·세탁시설·화장실 등 생활 편의 시설이 장착된 차량을 말합니다. 지역에 따라서 분류하고 인식하는 기준에 약간의 차이는 있지만, 각종 스포츠 활동이나 레크리에이션 활동을 위한 목적으로 만들어진 RV, SUV ^{Sport Utility Vehicle}, MPV ^{Multi Purpose Vehicle}까지를 광의의 RV로 이해할 수 있습니다.

RV는 크기와 형태에 따라 Motor Home Class A, B, C, Travel Trailer, 5th Wheel, Camping Car로 분류합니다. Motor Home은 차량 본체에 전기·수도·침대·거실·취사시설·화장실 등 일체의 설비가 설치된 레저용 차량으로서, 대형 버스급인 Class A, 차 길이가 24피트 내외인 중형 차량 Class B, 16피트 내외 Mini Motor Home인 Class C로 구분합니다.

Class A Motor Home은 차량 내부에 생활 필수 시설인 전기·수도·침대·거실·취사시설·화장실·샤워시설·세탁시설 등 일체의 편의 시설이 모두 장착되어 있습니다. 또 차량 내부 공간을 넓은 거실처럼 확장할 수 있도록 가변형으로 설계되어 있습니다. 대형 버스이기에 사용은 편리하나, 이동할 때, 도심 길 주행 시, 주차 시 주의가 요구됩니다.

Class B Motor Home은 차 길이가 24피트 내외인 중형 차량 내부에 전기·수도·침대·거실·취사시설·화장실·샤워시설이 장착되어 있습니다. 또 차량 내부 공간을 거실처럼 확장할 수 있도록 가변형으로 되어 있는 차량도 있습니다. 중형 버스이기에 Class A의 편리성과 Class C의 우수한 이동성을 겸비하고 있습니다.

Class C Motor Home은 16피트 이내 미니 버스급 차량에 전기·수도·침대·거실·취사시설·화장실 등 기본적 편의 시설이 장착되어 있어, 기동성은 우수하나 공간이 협소한 단점이 있습니다.

무동력 RV 컨테이너는 트럭이나 유도 차량에 연결하여 견인되는 5th Wheel과 Travel Trailer로 세분됩니다. 5th Wheel은 트럭 위의 연결 고리에 무동력 RV 컨테이너를 수직 연결하여 견인하는 형태이고, Travel Trailer는 트럭 뒤 연결 고리에 무동력 RV 컨테이너를 수평 연결하여 견인하는 것입니다.

차체에는 생활에 필요한 전기·수도·침대·거실·취사시설·화장실·샤워시설 등 일체의 편의 시설이 모두 장착되어 있습니다. 차량 내부 공간을 넓게 확장할 수 있도록 가변형으로 되어 있으나 운행하는 데 각별히 주의해야 합니다. RV 파크에 주차한 이후 유도 차량과 Travel Trailer를 분리해야 하는 단점이 있지만, 주차한 이후에는 트레일러와 분리된 차량으로 자유롭게 이동할 수 있으며, 평상시에는 승용차 또는 트럭으로 사용할 수 있는 장점이 있습니다.

그 외에도 작은 픽업트럭의 화물칸에 적재하거나 조립된 미니 트레일러를 장착하여 이동과 사용이 간편한 Truck Camper나 Tent Trailer가 있지만, 내부 공간이 비좁고 편의 시설이 부족한 단점이 있습니다. 하지만 여행에는 아무런 지장이 없고, 이런 소형 캠핑카로 여행하는 여행자를 의외로 많이 그리고 자주 볼 수 있습니다.

우연한 기회에 친구 가족과 함께 20여 일간 RV 여행을 함께한 적이 있습니다. 호텔이 아무리 깨끗하고 온갖 편의 시설이 잘 갖추어져 있다 할지라도 RV 여행보다 더 편안하고 큰 만족을 주지는 못했습니다.

RV 여행의 장점은 내가 원하는 시기에 자유롭게 이동할 수 있으며, 원하는 장소에서 원하는 기간만큼 체류할 수 있습니다. 모든 관습과

제약과 구속으로부터 자유롭다는 점, 쾌적한 자연 속에서 자연과 내가 하나가 되어 온갖 산짐승과 새들의 합창 소리를 들으며 숲과 자연의 싱그러움을 피부로 체험할 수 있다는 점이 나를 매료시켰습니다.

장기 여행자에게는 신경 써야 할 일이 참 많습니다. RV 여행은 매일 밤 숙소 문제로 신경 써야 할 일이 없습니다. 비싼 호텔 경비와 식비를 절약할 수 있어서 경제입니다. 입맛에 맞는 음식을 취향껏 조리해 즐길 수 있는 장점도 있습니다.

또한 풍광이 아름다운 자연 속에 푹 파묻혀 글을 쓰거나 자유롭게 사색하며 상상의 나래를 펼칠 수도 있고, 밤하늘에 반짝이는 별을 헤아리거나, 은하수를 따라가며 광활한 우주의 섭리를 생각할 수도 있습니다. 늦은 밤에는 모닥불 피우고 캠프파이어를 하면서 악기를 연주하거나, 노래를 부르거나, 와인 향기에 취할 수 있는 낭만도 만끽할 수 있습니다.

자유 여행을 통한 기대 효과는 단순히 쉼이나 심신의 새로운 충전 혹은 지식의 축적만은 아닙니다. 의미 있는 여행은 삶의 질을 높이고 인생을 풍요롭게 해줍니다. 멋진 삶과 인생 2막을 설계할 수도 있습니다. 여행을 통해서 축적된 경험은 누구도 침범하거나 빼앗아 갈 수 없는 기억에 저장되어 삶의 노하우Knowhow로 필요할 때마다 힘을 발휘합니다. 또한 유쾌한 추억과 재미있는 이야깃거리로 우리의 삶과 영혼을 반짝반짝 빛나게 해 줍니다.

■ RV 종류

1. Motor Home

1) Class A

2) Motor Home Class B

3) Motor Home Class C

신들의 땅 로키

2. Fifth Wheel

3. Travel Trailer

4. Truck Camper

5. 기타

1) 소형 트레일러

2) 텐트 트레일러

신들의 땅 로키